# 양손잡이
# 자기경영

# 양손잡이 자기경영

두 가지 힘을 균형 있게 다루는 확실한 성장 공식

**초 판 1쇄** 2026년 01월 05일

**지은이** 임대길
**펴낸이** 류종렬

**펴낸곳** 미다스북스
**본부장** 임종익
**편집장** 이다경, 김가영
**디자인** 윤가희, 임인영
**책임진행** 김요섭, 이예나, 안채원, 김은진, 국소리

**등록** 2001년 3월 21일 제2001-000040호
**주소** 서울시 마포구 양화로 133 서교타워 711호
**전화** 02) 322-7802~3
**팩스** 02) 6007-1845
**블로그** http://blog.naver.com/midasbooks
**전자주소** midasbooks@hanmail.net
**페이스북** https://www.facebook.com/midasbooks425
**인스타그램** https://www.instagram.com/midasbooks

**ISBN** 979-11-7355-632-6  03190

값 19,000원

미다스북스는 다음세대에게 필요한 지혜와 교양을 생각합니다.

# 양손잡이
# 자기경영

두 가지 힘을
균형 있게 다루는
확실한 성장 공식

SELF-MANAGEMENT

AMBIDEXTROUS

미다스북스

# 나는 거듭 개선한다

"성패成敗는 삶 속 담대한 마음과
목표를 향한 꾸준한 시도에 달려 있다.
그리고 그 모든 중심에는 누구도 대신해 줄 수 없는
자기경영自己經營이 있다."

누구에게나 아직 손에 닿지 않는 꿈이 있습니다. 그러나 꿈을 꾸고 목표를 세웠다면, 이제 꿈의 형태를 분명히 잡고 구체적인 각론을 정해야 합니다. 꿈은 단순한 희망이 아니라, 준비된 자의 손에서 비로소 '현실'로 전환됩니다. 이 책은 인간의 성장과 성취 과정에서 요구되는 자원과 그 적격성을 이해함은 물론, 자기경영에서 꼭 필요한 진정성과 지속성을 유지하고 발전시키는 데 도움이 되도록 쓰였습니다.

불확실성이 짙고 변화와 변덕이 심한 까다로운 시대를 살며, 개인이 소양과 역량 중 어느 하나의 자원만 쓰고 있거나, 굳이 한 가지만을 지향한다면 바라는 성공은 요원해질 것입니다. 하고 싶은 일을 능동적으로 선택하고 현실적으로 실천하는 데 힘을 쓰기보다, 얻어맞듯 수동적으로 일하거나, 일에 떠밀리는 지경에 내몰릴 가능성이 높을 겁니다. 성공을 향한 여러 단계에서 당신의 양손에 들린 각각의 자원이 대립이 아닌 조화로 양립하는 것은 매우 중요합니다. 이 자원들의 조합이 생존을 위한 일과 생활, 그리고 인생의 궤도를 어떻게 성공의 반열로 이끌어 전환할지 결정짓는 핵심 변수이기 때문입니다. 자원의 양과 질, 그리고 균형은 삶의 가치와 만족에 적지 않은 영향을 미치고 있으며, 앞으로도 그 중요성과 관계가 더욱 강화될 뿐 결코, 느슨해지지 않을 겁니다.

트레이드오프trade-off 즉, 어느 것을 얻으려면 반드시 다른 것을 희생해야만 하는 관계 속에서는 넓게 전체를 관망하면서, 동시에 세밀하고 깊게 대상을 관찰하는 습관이 필요합니다. 좋은 일이 있으면 나쁜 일도 따르는 우리 인생에서 스스로 길을 찾아 앞으로 나가려는 당신, 부족한 형편 속에서도 주변까지 살뜰히 살피는 당신, 일에 진심과 정성을 다하며 희망을 품는 당신, 그리고 행복한 성공을 꿈꾸는 당신에게 이 글을 전하려 합니다.

나의 인생을 마치 남의 인생처럼 그냥 멀찍이 두고 보는 사람도 많습니다. 그러나 작은 성취든 큰 성공이든 당신이 서 있던 아주 작은 지점, 하나의 점에서 시작되었다는 사실을 기억할 필요가 있습니다. 그 점에서 시작해 다음 점을 잇고, 선을 그으며, 차츰 구조를 세우고 스타일을 더해 당신만의 참신한 매력이 완성됩니다. 이 책은 지속 가능한 성장과 발전을 위해 반드시 다루어야 하는 두 가지 힘을 '양손잡이ambidextrous'라는 개념으로 표현합니다. 지금 보유한 자원이든 요건을 위해 앞으로 획득할 자원이든, 그것들을 체계적으로 관리하고 균형되게 양립시키는 힘이야말로 자기경영self-management의 핵심이 될 것입니다. 이러한 원리를 토대로 자신의 삶을 설계하고 움직인다면, 자신의 꿈과 행복을 찾는 데 여러 도움이 될 것입니다.

한 치 앞도 안 보이는 까만 밤, 때로는 끝이 보이지 않는 긴 터널 속에서 시린 마음을 환하고 따스하게 위로해 줄 새벽 별이 어쩌면 당신 자신일지 모릅니다. 바라는 것이 두려움 저 너머에 있다면, 오늘도 스스로 빛을 지키고 밝히며 앞으로 나설 방법을 찾아야 합니다. 짧다면 짧고 길다면 긴 인생 여정을 반추하면 미숙함에 부끄럽기도 하겠지만, 희망의 씨앗이 어딘가에서 이미 자라고 있을 지금과 미래의 시간은 이 글을 읽는 당신과 제게 큰 위안이 됩니다.

우리는 누구나 활용活用과 탐색探索을 통해 성공에 가까워질 수 있습니다. 그러나 여기서 중요한 점이 있습니다. 바로 유의미한 개선을 이루고자 하는 꾸준함의 힘에서 결과를 갈라놓는 차이가 나타난다는 것입니다. 노력한다고 해서 언제나 성공할 수는 없을지도 모릅니다. 하지만 성공한 사람은 모두 부단히 노력했음을 우린 기억해야 합니다. 현재와 미래, 알고 있는 것과 알아내 실천해야 하는 것 사이에 보이지는 않지만 만져지는 작은 틈이 존재합니다. 그것이 누군가에게는 극복해야 하는 힘든 과제일 수 있습니다. 분명 성찰의 과정은 고된 여정 위에 놓여 있지만 개인, 조직, 기업, 사회의 개선과 성취를 위한 시간과 좌표는 '여기, 바로 지금'일 겁니다. 그리고 우리의 인생 사전에는 '작심삼일'이 지워지고, '한 걸음, 한 걸음 더'라는 격려의 문구가 등재될 것입니다. 조화롭고 균형된 삶, 가치가 있는 내일, 기대되는 앞날을 함께 숙고하며 걸으려는 당신이 계셔 기쁩니다.

　이 같은 마음을 담아 당신을 향한 서문을 올립니다. 비록 작은 글이지만 세상 무엇보다 소중한 당신이 마구잡이에서 양손잡이가 되는 데 도움이 되었으면 합니다.

2025년 가을, 첫눈과 새봄을 기다리며
작가 임대길

# 목 차

## 2장 활용과 소양
### 현재의 나를 다지기 위한 손

## 3장 탐색과 역량
### 나의 미래를 준비하기 위한 손

# 6장 지속 가능 자기경영
## 손을 맞잡고 이루는 성장과 발전

맨손으로도 시작할 수 있어야 한다

# AMBIDEXTROUS SELF-MANAGEMENT

# 1장

## 성공시대

**두 손을 움켜쥐고
준비하는 첫걸음**

"그렇다.
백이면 백 누구나
깔끔하고 쌈박한 성공을
꿈꾼다."

# 양손잡이 자기경영 가이드라인
## 제1장 성공시대 편

1장에서는 성공시대로 나아가기 위한 출발선에 다가설 때 반드시 갖추어야 할 태도와 관점을 다룹니다. 미숙한 조건 속에서도 초심의 떨림을 잃지 않는 마음가짐, 그리고 단순한 부러움조차 꿈을 향한 단서로 전환하는 내적 동력의 가치를 강조합니다. 명확한 목표를 그리는 과정에서 마주하게 되는 제약과 한계를 극복하기 위해서는 강건한 의지와 지속적인 추진력이 필수적임을 상기시킵니다. 또한 성공의 여정에서 맞닥뜨릴 외부 간섭이나 예기치 못한 방해 요소를 식별하고, 회피보다는 문제에 접근해 대비·대처하며 마주하는 자세를 갖출 것을 제안합니다. 더 나아가, 자기 성찰은 물론 주변 사람들의 영향력까지도 성공을 이루는 중요한 요소이자 활용이 가능한 자원으로 바라보는 등 통찰력 있는 시각을 제시하고 있습니다.

▶ 나는 어떠한 성공을 지향하는지

▶ 뜻을 세운 뒤, 그 마음을 어떻게 끝까지 지켜나갈 것인지

▶ 나는 일상에서 무엇을 부러워하며 살아가고 있는지

▶ 앞을 가로막는 결정적 제약은 무엇인지, 어떤 한계를 지니는지

▶ 나는 목표 지점에 이르는 길을 꾸준히 찾고 있는지

▶ 막막하고 답답한 구간을 스스로 헤쳐 나갈 인내심이 있는지

▶ 나의 마음 안팎을 반성하고 칭찬하며 세심하게 돌보고 있는지

▶ 주변 사람들을 다양한 관점에서 제대로 이해하고 있는지

▶ 나는 결핍이나 결여에 빠져 머뭇거리는 가난한 사람은 아닌지

# 01

---

# 성공은 모두가 아닌
# 일부가 한다

모두 성공을 원한다. 사람들과 어울려 행복하게 살아가는 삶, 시간과 경제적 여유가 있는 삶, 자신만의 가치를 실현하는 삶 등 형태는 다를지라도 그 본질은 같다. 성공은 상당 부분 당신이 어떻게 기획하고, 대처하며, 개선하느냐에 의해 결정된다. 그러나 미래를 내 편으로 끌어당기듯 원하는 것을 성취하기까지는 수많은 요소가 필요하고, 복합적인 과정이 내포되어 있음을 간과해서는 안 된다. 그만큼 어려운 여정이기 때문이다.

그렇다면 **성공에 '기법' 같은 것이 존재할까?** 성공의 정의는 사람마다 다르지만, 누구나 꿈꾸는 목표라는 점만큼은 같다. 컨설팅, 멘토링, 코칭, 강의 등 다양한 경로를 통해 수많은 사람에게 '성공하고 싶습니까?'라고 물으면 '아니요!'라고 단호하게 답하는 사람은 아직 없었다. 앞으로도 없거나 드물 것이다. 오늘날 사람들은 한 개인의 내면과 행위를 들여다보는 데에는 소홀하지만, 찬찬히 제대로 알아가기보다는 아주 짧은 시간, 어쩌면 찰나의 순간과 같은 접점에서 드러나는 주목과 이익에 민감해져 있다. 그런 시대적 분위기 속에서 성공은 그야말로 뭇사람들의 열망이자 소망이 되었다.

선천적인 양손잡이는 전체 인구 대비 0.1퍼센트에 불과하다고 한다. 이는 흔히 말하는 '성공자의 비율 1.0퍼센트'보다도 낮은, 바늘구멍 같은 확률이다. 그러나 주목할 점이 있다. 운동선수, 수술 집도의, 재활 환자처럼 후천적 각고刻苦의 노력과 훈련을 통해 양손잡이가 되는 사례의 비율은 선천적인 경우보다 훨씬 높다는 점이다. 즉, 양손을 모두 능숙하게 사용하는 능력은 타고나는 것보다 익혀 가는 능력에 가깝다는 의미다. 영화나 드라마 등 대중 매체에서도 주요 캐릭터 상당수가 양손을 자유롭게 쓰는 존재로 등장한다. 양손잡이라고 봐도 될 수준이다. 그들은 어느 손으로 어떤 일을 하든 능숙하게 해내며, 이 설정을 통해 캐릭터의 성장·발전·목표·가치·감동 등 핵심 메시지가 더욱 입체적·효과적으로 표현된다. 양손을 모두 잘 쓰는 모습은 단순한 설정이나 묘사, 장치가 아니라, 잠재력·대응력·균형감·역량의 상징이기 때문이다.

수많은 사람이 저마다의 성공을 꿈꾸지만, 그렇다고 해서 모두가 성공에 도달하는 것은 아니다. 당연하게도 성공은 준비된 사람의 몫이 되어 왔다. 이는 성공에 왕도가 없기 때문이다. 시간과 비용 투자, 용기와 열성, 신념과 지속성 같은 핵심 요소들이 일의 시작과 끝까지 유기적으로 작동해야만 비로소 성공에 이를 수 있다. 바로 이 때문에 '성공'이라는 단어 하나가 유독 멀게 느껴지고, 높게 자리한 목표처럼 다가오며, 그 과정이 험난하게 보이는 것도 어쩌면 자연스러운 일이다. 각계각층에서 성공한 사람들, 유명한 인물들이 멀리서 바라보기만 해도 조금 더 크고 대단해 보이는 이유도 여기에 있다. 그들은 단지 '결과'로 빛나는 것이 아니라, 보이지 않는 과정 전체가 쌓여 만든 무게감을 지니고 있기 때문이다.

성공의 반대말은 어쩌면 '실패'가 아니라 시도하지 않는 것, 혹은 시도조차 해 보지 못한 상태일지 모른다. 성공을 위해서는 먼저 '알고 있다'라는 착각을 재정의再定義할 필요가 있다. 단순히 아는 것을 온전한 힘으로 보긴 어렵다. 알고 있는 것과 알아야 하는 것들을 목표에 맞게 정렬하고, 행동으로 옮길 때 비로소 진짜 힘이 되기 때문이다. 성공의 시작과 과정, 그리고 결과 속에서 의미가 있는 지점을 발견하고, 그 지점들을 이어 하나의 망을 구성하며, 다른 유의미한 요소들과 상호작용을 주고받는 과정, 그것이 바로 힘의 원천이다. 다시 말해, 연결된 배움과 실행, 그리고 지속적 개선의 흐름이 성공을 현실로 만드는 동력이다.

혹시 뜻을 이루지 못한 이유와 문제점을 정확히 알 수 있다면, 그 반대편에는 곧 뜻을 이루고 성공할 수 있는 해법도 존재하지 않을까? 성공에는 진정성眞情性, 집중력集中力, 지속성持續性이라는 세 가지 핵심 요소가 필요하다. 목표와 기대 성과를 향해 나아가기 위해서는 전체 환경과 상황을 면밀하게 이해하고, 이를 기반으로 참신한 기획을 실행으로 옮겨야 한다. 그 과정에서 전 단계를 관찰하고 점검하며, 바람직한 방향성을 꾸준히 관리해야 한다. 또한 문제와 연결된 일련의 과정을 재구성하여 체계적으로 연동해야 한다. 오늘과 내일을 위한 기도와 주문呪文에는 간절함이 깃들어야 한다. 단순히 "성공하고 싶다", "부자가 되고 싶다", "스타가 되고 싶다"라는 말은 이제 너무 익숙하고 식상하다. 모든 사람이 앵무새처럼 반복하는 입버릇에 불과하기 때문이다. 간절함도 전략도 실행도 없는 깡통으로는 아무것도 바뀌지 않는다.

"하늘 아래 같은 것은 없다."고들 말하지만, 인생을 살다 보면 비슷한 환경에 놓인 사람들이 성공을 향한 갈림길에서 같은 시時에 나란히 서는 모습을 종종 보게 된다. 그러나 한참을 지나 확연히 달라진 두 사정을 마주하게 된다. 분명한 사실은, 성공한 이들의 경우 각 과정에서 실행에 옮기는 힘, 그리고 개선을 향한 꾸준한 실천력이 결정적 역할을 했다는 것이다. 그렇다면 우리는 스스로에게 물어야 한다. 혹시 성공을 말로만 떠들고 있지는 않은가? '뭐가 없어서', '뭐가 안 맞아서', '뭐가 갖춰져야 해서'라는 온갖 핑계와 변명을 앞세웠던 것은 아닌가? 이제부터는 철저히 환경 탓과 남 탓을 버리고 스스로 일으키고 내세워 진정한 주체가 되도록 힘써야 한다. 당장이야 잠시 짐을 덜어낸 듯, 혹은 부담을 멀리 밀어낸 듯 홀가분하게 느껴질지 몰라도, 결국 환경 탓과 남 탓으로는 그 어떤 문제도 해결되지 않는다. 문제를 해결하는 힘은 언제나 자기 자신에게서 비롯되기 때문이다.

냉정하게 들릴지 모르지만, 경쟁의 한가운데 놓이는 순간 가장 먼저 새겨야 할 태도는 "모두가 다 똑같은 조건이다."라는 마음가짐이다. 이 바탕 위에서 자신의 선택과 행동에 온전히 책임을 지고, 그 결과를 깨끗하게 인정하는 자세가 필요하다. 또한 온갖 걱정을 미리 당겨 근심 속에서 허우적대고 있는 것은 아닌지 스스로 점검해야 한다. 중요한 선택에 따라 성패가 갈릴 수 있다. 그러나 망설이며 조바심과 불안에 갇혀 있을 시간에, 한 번 더 고개를 들고 한 걸음 나아가는 용기가 더 큰 의미가 있다. 그러고 보면, 성공을 위해 해야 할 일들이 참 많다. 꿈이 있고 없고를 떠나, 단 한 순간이라도 선택과 집중을 통해 담대하게 실천하고 성취를 경험하길 바란다. 하수는 누구보다 걱정이 많고, 바보는 결심만 반복한다. 그리고 매번 "힘들었다.", "최선을 다했다."라고 말하는 사이 성공하지 못하는 이유가 머리와 가슴에 수두룩하게 들어차고 만다. 결국 성공을 가로막는 것은 외부가 아니라 스스로 정한 한계와 망설임일 때가 많다.

성공은 번호표를 뽑고 줄을 선다고 해서 누구에게나 주어지는 것이 아니다. 선택된 자의 몫이기에, 막연한 낙관주의를 경계하고, 현실적인 각성覺醒[1]과 자각自覺[2]에서 냉정하게 출발해야 한다. '양손잡이 자기경영Ambidextrous Self-Management'이란 개인 수준에서의 성취와 성공을 위해 서로 다른 자원들이 발견, 해석, 구성, 조화를 이루면서 양립兩立할 수 있도록 관리하고 경험을 통해 지속적으로 개선하는 것을 의미한다. 예컨대 현재와 미래, 발생과 설정, 활용과 탐색, 소양과 역량, 성실과 유능, 인성과 인재, 입력과 출력, 내부와 외부, 이론과 실무, 이익과 혜택, 운영과 혁신, 시간과 비용, 시작과 끝, 기대와 성과 등을 다룬다. 그동안 단순 이분법적二分法的[3] 선택으로 간주되었던 것들에 대하여, 어느 한쪽을 두고 보며 내버려두거나 다른 한쪽을 포기하는 방식이 익숙했지만, 양손잡이 자기경영은 이들을 양손에 든 자원으로 다시 바라보고 재구성함으로써 양립시키는 접근을 강조한다. 서로 다른 자원들이 균형과 조화를 이루며 작동할 때 비로소 개인의 지속 가능한 성장과 발전이 가능해진다. 이것이 바로 '양손잡이 자기경영'의 핵심 개념이다.

---

1  깨어 정신을 차리고 주의 깊게 살피는 태도.
2  현실을 판단하여 자기의 입장이나 능력 따위를 스스로 깨달음.
3  대상 전체를 둘로 나누어 구분하는 논리적 방법과 관련된 것.

## 양손잡이 자기경영(성공시대 편) 체크포인트 3

▶ 나에게 '성공'이란 무엇인가? 그것은 내 삶의 방향과 가치 위에서 어떤 의미를 갖는가?

▶ 나는 성공을 맨입으로만 떠들고 있진 않은가? 나의 말과 의지 옆에 실행 없는 기대는 혹시 없는가?

▶ 바라는 성공을 향해 나는 지금 여기서 그 무엇을 하고 있는가? 오늘의 노력이 과연 목표와 정렬되어 있는가?

## 02

---

# 성공은 떨리던
# 첫 마음에서 비롯된다

성공을 향해 끊임없이 질문과 답을 찾아가는 과정에는 미래에 대한 기대만큼이나 걱정과 불안이 공존하기 마련이다. 하지만 **출발과 시작을 준비하는 사람은 누구나 반짝이며 빛이 난다.** 그곳, 그때가 꽤 오래도록 간절히 바라온 지점과 순간일수록 통제하기 어려운 떨림과 긴장이 생겨나기도 할 것이다. 그것은 도망쳐야 할 감정이 아니라, 당신이 드디어 '진짜 시작' 위에 섰음을 알리는 신호이다. 갈급渴急할 필요는 없다. 첫 마음 위에 목표한 바를 또렷이 새기고, 스스로에게 "해 보자."라고 말하며 도전을 선택했다면 그다음 필요한 것은 단순하면서도 강력한 확신이다. "할 수 있다.", "해낼 수 있어."와 같은 다짐은 마음의 기둥이 되고, 여기에 용기가 더해져 "끝까지 해내고 말 거야."라는 자신과의 약속은 곧 신념이 되어 자리 잡는다. 이 신념은 순간뿐 아니라 전 과정을 관통하며 흔들림 없이

---

4 몹시 조급하게 바람.

나아가게 하는 추진력이 된다. 두려움이 아닌 떨림은 변화와 전환을 알리는 신호탄이다. 완벽하지 않아도 괜찮다. 중요한 건 움직였다는 사실, 첫걸음을 내디뎠다는 용기, 그리고 계속 나아가겠다는 태도다. 그 모든 것은 결국, 당신을 성공의 궤도로 이끄는 가장 값진 출발이 될 것이다.

**인생은 결국 마음먹기에 달려 있다.** 어떤 일을 시작할 때도, 멈춰 섰을 때도, 과정 곳곳에서 사람이 가진 기세氣勢가 결과의 반 이상을 차지한다고 해도 과언이 아닐 것이다. 새로운 출발을 앞두고 걱정과 기대가 교차할 때, 남의 눈에나 거창하고 그럴싸한 계획은 실상 큰 의미가 없다. 중요한 건 조금만 더 노력하면 닿을 수 있는 실천 가능한 계획과 목표를 이룰 수 있는 준비 그리고 실천 역량이다. 비록 작고 소박한 것일지라도, 그 실천이 쌓이면 마음속 깊은 곳으로 자긍심과 신념이 서서히 내재화內在化 된다. 그 과정에서 우리는 목표를 스스로 관리하며, 성공과 행복에 조금씩 더 가까워지는 자신을 발견하게 된다. 결국 이러한 작은 움직임들이 모여 큰 성공의 원동력이 되고, 인생의 변화를 격려하는 밑거름이자 마중물이 된다.

TV 프로그램 〈생활의 달인〉은 한 분야에서 수십 년간 묵묵히 길을 걸어온 사람들의 삶을 조명한다. 그들의 하루하루는 꾸준한 열

---

5  어떤 현상이나 성질 따위가 내부나 일정한 범위 안에 있게 됨.

정과 반복의 힘이 어떻게 인간을 '달인達人'의 경지로 이끄는지 보여주는 살아 있는 교본이다. 다큐멘터리 형식 속에 담긴 그들의 인생 스토리, 내면의 철학, 세상을 대하는 태도는 깊은 울림을 준다. 요샛말로 '고인물高人物'[6]이라고 불리는 달인들은 수많은 유혹과 간섭, 방해 속에서도 자신이 선택한 길을 끝까지 지켜낸 사람들이다. 포기하고 싶은 순간이 수없이 있었을 것이다. 그러나 그들은 흔들리기보다 스스로 다잡았고, 멈추기보다 다시 한 걸음 내디뎠다. 쉽게 지나칠 수 없는 고비와 역경을 넘어선 뒤, 카메라 앞에서 지어 보이는 미소와 뜨거운 눈물은 단순한 감정 표현을 넘어 인간이 스스로 단련해 가는 과정의 위대함을 증명한다. 그 순간 우리는 '전문가'가 무엇인지, '장인정신'이 어떻게 만들어지는지를 새삼 실감하게 된다. 그들의 모습은 결국 우리에게 중요한 메시지를 남긴다. **성공은 우연히 주어지는 사건이 아니라, 포기하지 않는 태도와 쌓여진 훈련이 만드는 것이다.**

인생은 모두에게 공평하지 않다. 출발선이 다를 수 있고, 동일한 선에서 같은 신호 아래 시작을 했다 하더라도 각자의 레인과 코스에는 저마다의 오르막과 내리막, 때로는 예고 없는 장애물이 놓여 있다. 조건과 상황, 환경과 배경까지 모든 면에서 상대적 차이가 존재한다. 그러나 그 차이를 핑계나 변명으로 돌려서는 결코 앞으

---

6  한 분야에 오랜 기간 활약하며 뛰어난 능력을 발휘하는 사람.

로 나아갈 수 없다. 결국 우리를 움직이는 힘은 인내와 희망, 그리고 꾸준함뿐이다. 달릴 수 없다면 걸어서라도, 걷기 어렵다면 속력을 낮춰서라도 결승선까지 완주하려는 태도가 필요하다. 속성과 기법, 편법이 난무하는 세상이다 보니, 목표를 가진 사람일지라도 단련도, 숙련도 없이 단숨에 성과를 바라는 세상이다. 누구나 '열' 이상을 기대하지만 정작 '하나'가 없는 상태에서 갑자기 '열'을 만들 수는 없는 노릇이다. 인생은 그런 식으로 작동하지 않는다. 하나의 성취는 한 단계의 기반 위에 쌓이고, 그 하나하나가 이어지며 구조를 만들고, 구조가 모여 삶의 방향과 스타일을 형성한다. 그러므로 세상을 바라봄에 나로부터 가족, 조직, 기업, 사회 그리고 세상으로 확장하며 관통하는 관계의 흐름과 구조를 고려해야 한다. 그리고 그 과정마다 기초와 기본을 단단히 다지는 태도가 필수적이다. 열린 마음으로 한 단계씩 제대로 쌓아 올릴 때, 비로소 성장의 궤도는 안정되며, 그 길 위에서 우리는 스스로 원하는 성공과 행복을 실제로 만들어 갈 수 있다.

자신의 소양과 역량을 키우기 위해 확보할 수 있는 시간은 언제나 부족하기만 하다. 그러나 변화·전환·개선을 이루는 데 중요한 것은 단순히 시간의 양量이 아니라, 얼마나 질質 좋은 시간을 들이느냐다. 같은 시간도 각성覺醒 수준과 몰입 정도에 따라 성장의 속도와 발전의 깊이는 사뭇 달라진다. 결국 시간과 비용을 효과적·효율적으로 운용하는 능력은 성공과 성취를 실현하는 데 꼭 필요한 요소가 된다. 한 사람의 성공은 거창한 순간에서 갑자기 피어오르지 않는다. 작은 단위의 노력이 모여 불씨를 살리는 지난한 착화着火[7]의 과정이 필요할 수도 있고, 한겨울을 묵묵히 견딘 씨앗이 마침내 발아發芽[8]하듯 준비된 힘이 열리는 시간이 반드시 있다. 시린 첫 마음 위에 뜨겁게 불을 붙이고, 아프고 더딘 과정에서도 씨눈을 틔우는 의지야말로 성공을 피워내는 본질적인 힘이다. 꾸준함과 인내, 그리고 깊이 있는 시간이 결국 당신을 성장과 성취의 길로 이끌 것이다.

## 양손잡이 자기경영(성공시대 편) 체크포인트 3

▶ 내 인생에서 진정 가슴이 뛰는 목표가 있다면 그것은 무엇인가?

▶ 목표를 향해 직심한 바는 무엇이며 그 첫 마음은 지금도 계속 자라고 있는가?

▶ 인생의 목표를 실현할 수 있는 핵심 역량은 잘 준비되어 있는가? 보완해야 할 과제는 무엇인가?

---

7  불을 붙이거나 켬.
8  씨앗에서 싹이 틈.

# 03

## 막연한 부러움도
## 꿈의 형태가 된다

"부러우면 지는 거다."라는 표현이 한때 유행처럼 번졌지만, 이 말의 진짜 의미는 단순하지 않다. 부러움은 그 자체로 문제가 아니라, 그 감정을 어떻게 다루느냐에 따라 전혀 다른 해석과 결과를 만든다. 많은 사람이 타인과의 격차에서 비롯된 위화감 내지는 상대적 결핍에 사로잡혀 새로운 도전이나 시도를 감히 시작하지 못한다. 그러나 정작 우리를 좌절시키는 건 타인의 성공이 아니라, '나는 안 될 거야.'라는 낙담 섞인 마음으로 스스로 가능성을 접어 버리는 태도일지 모른다. 부러움에 앞서 멈춰 서는 순간, 이미 싸움은 끝나 버린다. 하지만 그 감정을 연료로 바꿔 더 나은 자신을 향해 나아간다면, 부러움은 패배가 아니라 성장의 시작점이 된다.

모두가 저마다의 굴곡진 인생을 살면서 예상치 못한 어려움이나 거센 위기를 마주한다. 때로는 방심하다가 호된 위기를 맞기도 한다. 저마다 위태로운 사정 속 희미한 꿈을 꾸는 처지에 혹여 누군가의 성공을 쉽고 가볍게 평가하고 있다면, 이는 전체 맥락을 보지 못하여 비롯된 착각에 가깝다. 정작 비슷한 기회가 주어졌을 때 행동으로 옮기지 못하고 용기 내어 도전하지 못하는 자신과 마주할 수밖에 없기 때문이다. 그래 놓고 『이솝우화』의 「여우와 신 포도」 속 이야기처럼 스스로 여우짓을 하며, 닿지 못한 기회를 목 아프게 쳐다보다 이내 애써 깎아내리거나 침을 뱉는 우를 범하곤 한다. 이는 결국 성장의 기회를 스스로 밀어내는 일이며, 더 나은 미래를 향한 발판을 잃게 만드는 자기기만일 뿐이다.

우리는 가능한 한 넓은 관점에서 상대가 문제를 어떻게 발견하고 접근하는지, 어떤 관점에서 상황과 문제점을 다루는지 벤치마킹 bench marking해야 한다. 다양한 사례연구와 환경의 재발견·재해석, 그리고 자원의 재구성을 통해 우리는 조금씩 성장하고 성숙해질 수 있기 때문이다. 배움을 통해 얻고자 하는 바가 있다면, 수 갈래의 강물을 품는 너른 바다처럼 상대방이나 대상 앞에서 겸허해져야 한다. 진심으로 배우고자 한다면, 몸을 낮추고 마음을 기울여 소통하고 듣는 태도가 필요하다. 이러한 겸손과 경청이야말로 자기경영의 깊이를 더하고, 더 큰 도약을 가능하게 하는 근본적인 힘이다.

필자는 중학교 2학년 봄방학 무렵, 나고 자란 곳과 가족을 떠나 25년이 넘는 시간을 객지에서 보냈다. 우여곡절 끝에 수원에서 남은 중학생 시기를 보냈고 돈을 벌기 위해 공업고등학교에 들어가 현장실습이 시작되기 전인 3학년 1학기까지 안양에서 자취생활을 했다. 철부지 까칠했던 중고등 시절엔 막내 이모의 엄마 같은 보살핌를 비롯하여 친척들에게 여러모로 큰 신세를 졌다. 방학 때마다 조금씩 돈벌이를 하긴 했지만, 고등학교 3학년 2학기에 접어들면서부터는 의식주를 해결할 수 있는 구직활동을 통한 생활 안정을 최우선에 두고 돈을 벌었다. 겁이 없던 나이 열아홉부터는 인생경로와 운영 방식을 생계형으로 전환하고 어릴 적 별명인 차돌멩이처럼 단단하고 억척스럽게 살았다. 우선 주유소, 세차장, 신문보급소, 빌딩관리실, 독서실, 고시원 등 숙소가 해결되는 일을 정했고 그곳들은 나의 안락한 거처가 되었다. 그리고 어린이집 버스 운전, 외국어학원 주차 관리, 대학교 식당 설거지, 대형 할인점 주차 관리, 아이스크림 장사, 우편물 분류, 자동제어 공사, 전기공사, 기차선로 보수 등을 했다. 돌이켜보면 거처 마련을 필두로 하여 생계유지를 위한 벌이로 밤낮 가리지 않고 악착같이 살았다. 그런 와중에도 나는 한 번씩 존재의 시간을 가지며, 아무도 모르는 나의 꿈을 들여다봤다. 혹시라도 너무 꼬깃꼬깃하게 접어 찢어지지는 않았는지, 나도 모르게 젖어 헤지진 않았는지 살피며 불씨를 꺼트리지 않기 위해 조심했다. 가진 것은 너무 없었지만 이뤄가면 된다고 여기며 진로를 선택하고 의사결정을 했었다. 사실 주변에 상의할 사람도 없거니와 누구를 찾아가 만날 시간도 없었다. 만약 어느 한때라도 나 자신을 하찮고 가벼운 존재로 여겼다면, 그래서 인생을 때우기 식으로 걱정만 하며 살았다면 나는 과연 어찌 됐을까? 생각만 해도 아찔하다.

필자는 거칠고 불안한 생활 중 부러움의 대상을 많이 가졌다. 모두 공짜였다. 어찌 보면 성공한 사람, 소위 자리를 잡고 잘나가는 사람들의 영향과 자극으로 필자의 소박했던 꿈, 잔불 같던 오랜 희망이 변경과 조정을 겪으며 지금 여기에 와 있다고 볼 수 있다. 어릴 적 '선생님'이라는 작은 꿈에서 시작된 길은 시간이 흐르며 디자이너, 슈퍼바이저supervisor를 거쳐, 지금은 컨설턴트, 멘토, 코치, 심사원, 평가위원, 작가, 강사라는 다양한 역할로 확장되었다. 하나하나 자리매김하기까지 한참이나 돌고 돌아 지금 여기다. 그리고 짧은 식견으로 바라볼 때, 한 번이나 두 번 정도 남은 또 다른 여정이 기다릴 것 같다.

늘 그렇듯, 내가 닮고 싶고 본받고 싶었던 인물에 대한 동경이나 막연한 부러움이 섞인 갈증은 진동과 자극이 되어 다시 내게로 왔다. 나는 그 감정을 건강한 질투와 욕망으로 전환해 자신을 단련하고자 했다. 따라 해 보기, 내 것으로 흉내 내어 보기, 나에게 어울리게 또는 나답게 다듬어 보기 등의 과정을 수없이 되풀이했다. 반복된 훈습, 모방과 실험 속에서 마침내 이유와 의미를 찾고, 내 안으로 들일 것과 버릴 것을 찾고 가려냈다. 그리고 무엇을 어떻게 해나갈지 목표를 설정하고 방법을 탐색하며 경로를 수없이 수정했다. 또한 어떤 일들이 일어나는지, 그 일이 나와 주변에 어떤 영향을 미치는지 검토했다. 많은 인생 수업료를 내며 쉰에 이르니, 바람직한 방향을 바라보며 행복을 찾는 나 자신의 모습이 조금씩 보인다. 하지만 여전히 꿈을 찾아서 가야 할 여정이 남아 있음을 안다. 하여 나 자신에게 재차 말을 걸어 물으며 현재 그리고 지금이란 점點에서 선線을 그어 밑그림을 그리고 색을 입혀가고 있다. 가까운 장래에 나만의 꿈의 형태가 현실을 넘어 입체적으로 멋지게 완성될 거라 아이처럼 믿고 있다.

더 부러워하자. 그러다 질투와 시샘의 끝에 묻은 부러움의 일부라도 나의 자산으로 되바꿔 놓을 수 있으면 그걸로도 괜찮다. 충분히 가치 있는 일이다. "부자에게 밥을 사라."는 말을 곱씹어 보면 괜한 말이 아님을 이해하게 될 것이다. 동시대를 살아가며 직간접적으로 만나는 사람 중에 여러모로 닮고 싶은 사람, 인간으로서 신뢰와 존경심을 일으키는 인물이 있다면 보물찾기에 당장 나서야 한다. 멘토는 보물이자 하나의 보물 지도이다. 따라서 귀인을 알아보고 멘토로 끌어당겨야 한다. 작게는 그들의 목표 의식과 성과를 위한 오랜 노력이 하찮지 않음을 이해할 필요가 있기 때문이다. 그저 운이 좋아서 그랬다는 성공한 이의 미담美談 안에서 자기 자신에게 싸움을 걸고, 시간을 자기의 편으로 돌려세우며 포기하지 않는 끈기와 강한 신념을 엿볼 수 있다. 그 덕목은 세대와 분야를 떠나 부러움과 존경의 대상이 된다. 결국, 부러움은 나를 갉아먹는 감정이 아니라, 내가 성장해야 할 방향을 비추는 하나의 조명이 된다. 그 불빛을 제대로 이용한다면, 우리는 타인의 장점을 나의 자산으로 전환하는 기회를 얻게 될 것이다.

# 04

## 방해를 끊고
## 제약에서 벗어나라

생에 초대받은 인간은 누구나 존중받아야 하나, 인정과 지지를 줄 세상은 단순하지도, 호락호락하지도 않다. 온갖 알력軋轢[9]과 협잡挾雜[10]이 가득해 복잡성은 날로 더해지고 있다. 무엇보다 이 같은 모둠에 승차하려는 이들이 많다 보니 패거리 문화가 사회를 잠식蠶食[11]해 간다. 이러한 병폐病弊[12]와 갈등으로 세상은 마냥 평평하지도 평등하지도 않다. 사회는 태연하게 공정과 투명에서 멀어지고 있다.

언뜻 비슷해 보일지 몰라도, 사람마다 처한 조건과 환경은 양적으로도, 질적으로도 사뭇 다르다. 마치 서로 다른 출발선에서 태어난 것처럼 말이다. 사람을 자동차에 비유하자면, 그의 태어난 환경에 의해 저마다 차체, 엔진, 변속기 정도를 본인 의지에 무관하게

---

**9** 의견과 입장이 서로 맞지 않아 사이가 안 좋거나 충돌하는 것.

**10** 특정 이익을 얻기 위해 그릇된 짓으로 남을 속이는 행위.

**11** 점차 조금씩 침입하거나 차지함.

**12** 어떤 사물의 내부에 있는 옳지 못한 경향이나 해로운 요소.

타고 난다고 볼 수 있다. 돌이켜보면 작은 엔진을 달고 태어난 나는 크고 무거운 짐을 가득 실은 채 도로를 달려야 했다. 다른 차들이 거침없이 목적지를 향해 달릴 때, 나는 적어도 한 시간 반마다 휴게 소에 들러 숨을 고르고 다시 힘을 내야 했다. 차량의 출력과 연비 외에도 디자인, 스타일에 이르기까지 제각각이다. 용처를 비롯해 안전, 기술, 편의 사양과 그 밖의 옵션 구성에 따라 기대 품질과 퍼포먼스, 생애주기에 따른 유지관리 포인트에도 차이가 있기 마련이다. 삶이라는 여정에서도 각자 타고난 조건과 추가한 기능, 관리 상태는 그렇게 서로 다른 주행 특성과 수명을 보인다.

인생 여정에서 삶의 운영 방식이나 어떤 역량을 갖추고 있는지는 매우 중요하다. 운이 없으면 아직 몸을 제대로 풀기도 전에 기울어진 운동장에서 사활死活을 건 승부를 치러야 하는 순간을 맞이할 수도 있다. 이상理想과 현실 사이의 넓은 틈새엔 무수히 많은 문제가 끼어 있고, 때때로 삶의 본질을 흔들거나 상황을 제대로 파악하지 못하게 방해가 되기도 한다. 그럼에도 거듭 너울져 오는 문제와 해법을 찾는 노고勞苦는 필연必然이다. 상황에 따라선 자신을 둘러싼 문제를 극복할 수 없을 것만 같고, 때론 도전과 시도에 여러 제약이 따르기도 한다. 하지만 어떤 이들은 미숙한 태도로 자신이 보유한 자산과 힘을 삭제하듯 던져 버리고, 문제를 향한 접근이나 고민도 없이 도피성의 초기화를 통해 눈앞의 것만 치우고 마는 조급함과 어리석음을 보이기도 한다. 인간이 가진 체계에서 삭제나 포맷

format, 초기화가 필요할 때는 결코 이런 때가 아닌데도 말이다. 상황에 따라 도전과 시도에는 여러 한계가 따르기 마련이다. 하지만 문제의 본질을 직시하지 못한 채 당장의 불편함만 제거하려고 하거나 임시방편으로 처리하는 태도는 결국 더 큰 손실로 돌아온다. 삶의 무게와 환경의 경사도는 사람마다 다르게 주어지지만, 방해와 제약에서 벗어나기 위해 목표를 잃지 않고 문제와 문제점을 제대로 살피려는 자세는 누구에게나 필요하다.

내·외부 환경, 타인의 시선, 각종 매체 등이 피우는 연기와 소란 속에서 진짜 소음을 찾아 필터링filtering 해야 한다. 그리고 진짜 '나'로 문제에 접근해야 한다. 문제를 '해결해야 하는 모든 것'이라고 정의할 때, 사람은 누구나 크고 작은 문제와 제약 속에서 살아간다. 난이도와 리스크 정도에서 차이가 있을 뿐 문제는 항상 존재한다. 그렇기에 문제에 들러붙은 껍질을 벗기고 진짜 문제점을 찾아, 방해를 끊고 제약에서 벗어나기를 시도해야 한다. 이를 위해 지금까지의 관점과 사고방식으로 해결할 수 없었던 문제에 새로운 관점과 접근법을 적용해야 한다. 문제나 사태의 본질을 수면 위로 끌어올리고, 해결을 위해 문제 원인의 발본拔本[13]과 수정, 재구성을 시도해야 한다. 그럼에도 문제 앞에서 지금 혹시 망설이거나 우물쭈물하고 있진 않은지, 아니면 상대적 박탈감이나 열등감에 갇혀 우왕좌

---

13  좋지 않은 일의 근본 원인이 되는 요소를 완전히 없애 버림.

왕 허우적대고 있진 않은지 살펴야 한다. **문제를 해결하기 위해서는 현실을 직시하는 용기와 자신을 방해하는 감정적 제약에서 벗어나려는 결단이 필요하다.**

　복잡하고 불확실성이 큰 세상을 살고 있지만, 그럴수록 문제를 바라보고 해결하는 자신만의 방식과 시스템을 갖추어야 한다. 투입과 산출, 원인과 결과의 구조 등 메커니즘mechanism과 알고리즘algorithm을 이해하고 점검해야 한다는 의미다. 그 과정에서 문제·장애·제약을 새로운 관점으로 보아 기회의 경로이자 관문으로 인식하는 게 중요하다. 열흘 넘게 이어지는 몸살감기처럼, 나를 잡아끄는 보이지 않던 끈이 이삼 미터 거리 어딘가에 메어 있는 목줄이었던 것처럼, 삶에는 사소하지만 흐름을 가로막는 불편과 제약이 존재한다. 때로는 그것들을 대수롭지 않게 생각하고 넘기기도 하지만, 자기경영이 성숙해지는 순간은 오히려 그 불편과 제약을 정면으로 인식하고, 벗어나고자 시도할 때 찾아올 것이다.

---

### 양손잡이 자기경영(성공시대 편) 체크포인트 3

▶ 귀찮고 번거로운 일은 그냥 외면할 것인가?

▶ 힘들고 어려운 일이면 멀리 방치할 것인가?

▶ 복잡하고 잘 모르겠으면 모르는 채로 둘 것인가?

# 05

## 당신의 내비게이션을
## 현행화하라

인생에는 다양한 여정이 있다. 우리가 여행이나 소풍을 나서더라도 기획과 계획이 있고, 시간에 따른 목적 지점이 있는데, 우리네 긴 삶에 목적지와 그 경로는 고사하고, 삶 자체의 기획이나 계획도 온데간데없는 경우가 많다. 그 이유는 간단하다. '왜'라는 질문에 대한 답을 구할 수 있어야 '어디로', '어떻게' 나아갈지 조금씩 알 수 있기 때문이다. 결국 인생은 '왜'라는 근원적 물음에서 출발해 방향, 속력, 수단을 조율하는 과정과 같다.

우리는 과거를 딛고 오늘을 살고, 지금 여기서 내일을 바란다. 미래는 그 누구도 가보지 않은 길이자 다른 이가 대신 가줄 수 없는 곳이다. 미래는 정해진 숙명宿命이 아니라 여전히 스스로 통제하며 개척해야 하는 운명運命 같은 길이다. 인생의 주인공이며 조율의 주체로서 삶의 주도적 운영을 위해서는 환경의 동태성動態性[14]을 포함한 불확실성을 최소화해야 한다. 미래의 변수變數[15]와 변인變因[16] 등을 고려하고 발생한 현재 값들을 반영, 조율함으로써 여정 상 설정한 목적지에 제때 제대로 도달해야 한다.

때론 느린 마음으로 경치를 살피며 사색에 잠길 수도 있고, 동반 자들과 유의미한 시간과 공간을 공유할 수도 있다. 간혹 끝없는 경쟁 속에 놓여 조바심 들거나, 예기치 않은 간섭을 피해야 하는 과제도 있다. 중요한 것은 출발 지점에서의 기획과 계획, 명확한 목표 설정이다. 이를 근거로 목적지까지 실행력을 관리해 기대 성과를 내야 한다. 그리고 환경에 대한 적절한 대처를 통해 상황을 탄력적으로 활용하고, 지혜롭게 운영함으로써 자원의 전환율을 높이는 것에 있다.

공교롭게도 많은 사람들이 근거 없는 기대, 성공에 대한 막연한 욕심을 갖는다. 마치 복권을 사거나 지뢰 찾기 게임을 하듯 운에 기대어 단번의 성공을 바란다. 하지만 행운의 희소한 확률을 우리는 잘 안다. 어떤 이는 '원래의 시작점으로 돌아가 처음부터 다시 시도하면 잘할 수 있을 것이다.'라고 말하기도 한다. 하지만 우리들의

---

**14** 빈번하게 움직이거나 변하는 성질.
**15** 어떤 관계나 범위 안에서 여러 가지 값으로 변할 수 있는 수.
**16** 성질이나 모습이 변하는 원인.

삶은 컴퓨터게임처럼 시스템을 껐다가 켜거나, 강제 초기화하는 것이 불가하고, 골프에는 있는 멀리건mulligan[17]도 허용되지 않는다. 삶은 생방송과 같아서 실수가 없던 구간이나 원하는 지점으로 다시 되돌릴 수도 없다. 이처럼 삶은 매 순간이 기록되고, 매 선택이 누적된다. 그래서 더욱 치열하게, 더욱 진정성 있게 지금의 장면을 만들어야 한다.

"경로를 이탈하였습니다."
"경로를 재탐색합니다."

당신의 얄궂은 인생 여정에도 이처럼 기꺼이 관여하는 도구나 안전장치가 있는지 묻고 싶다. 낯선 초행길이나 목적지를 향하는 과정에 내비게이션을 갖고 있는 것과 없는 것의 차이는 상당하다. 내비게이션의 하드웨어 업그레이드를 통한 사양의 고도화高度化[18]와 소프트웨어 업데이트를 통한 정보의 최신화는 필수다. 부가적으로 실시간 제공되는 데이터와 정보는 매우 유용하다. 내비게이션의 최적화 개념은 개인을 넘어 가족, 조직, 기업, 사회, 국가와 세계 모든 영역에 대한 어젠다agenda[19]이며, 목표 설정과 연계되는 필수 준비 과정이다. 방향을 잃지 않기 위해서다. 경로를 이탈하거나, 재탐색

---

**17** 골프에서 실수를 무효로 처리하고 벌타 없이 다시 치는 기회.
**18** 기술이나 생활, 문명 따위의 수준이 높아짐.
**19** 모여서 서로 의논하거나 연구할 사항 또는 협의할 주제.

이 필요하다는 메시지가 들려올 때, 그때가 바로 다시 목적지를 향해 우리의 경로를 재설정해야 할 순간이 된다.

불확실하고 변화 많은 도로교통 사정에서 내비게이션의 현행화는 이제 필수다. 특히 인공지능 시대에 들어서서 '현행화現行化[20]'는 '지속적인 최적화와 실시간 적응성 강화'의 개념으로 확대 중이다. 시간을 되돌릴 수 없는 당신에게 묻고 싶다. 당신의 내비게이션은 실시간 교통상황 반영은 물론, 최신화된 데이터와 정보를 수시로 반영하고 있는지 말이다.

인디언들은 광야를 내달리다가도 어느 순간 말에서 내려 자신이 달려온 길을 되돌아보며 한참 서 있는다고 한다. 그 이유는 숨이 찬 말 때문도, 지친 자신 때문도 아니었다. 앞만 보며 너무 빨리 달려 자신의 영혼이 미처 따라오지 못했을 수 있다고 여겨 잠시 제자리에서 기다리는 것이었다. 그러다 자신의 영혼이 곁에 다다름을 느끼면 그때 비로소 가야 할 길을 다시 나선다고 한다. 우리가 인생에서 어떤 목적지를 향해 갈 때도 마찬가지다. 거리, 시간, 수단, 도구 등을 기준으로 경로를 정할 순 있지만 가장 중요한 것은 목적지를 향한 여정 어디서든 자기 자신을 잃지 않는 것이며, 이해관계자를 너무 뒤에 남겨두지 않는 것이다. 결국 목적지에 도달하는 여정의

---

20  현재 행하여지는 상태나 상황으로 일치시킴.

완성도는 '속도'가 아니라, 자신과 동행하는 이들을 온전히 품고 도착할 수 있는 가로 결정된다. 그러니 어떤 길을 선택하든, 그 여정 어디에서도 당신 자신과 소중한 사람들을 잃지 않기를 바란다. 마음을 열고 눈을 뜨자.

---

### 양손잡이 자기경영(성공시대 편) 체크포인트 3

▶ 내게도 인생 여정 지도가 담긴 내비게이션이 있는가?

▶ 나의 내비게이션은 업그레이드와 업데이트가 최신 버전인가?

▶ 나는 내비게이션 최적화 관리를 통해 목표와 과정을 유연하게 운영하고 있는가?

# 06

## 물속 달리기 구간을
## 통과하자

　나름의 목표를 설정하고 도전 과정에 착수 시, 실력에 앞서 주체가 지닌 태도와 기세는 매우 중요하다. 어찌 보면 당연한 이 말은 누구나 알고 있다. 하지만 기다리고 기대하던 결정적 순간에 다다르거나 뜻밖의 기회가 들이닥쳤을 때 준비된 사람과 그렇지 않은 사람 간에는 생각보다 많은 차이가 발생한다. 준비되지 않은 사람이 그 같은 상황에서 여유를 가지고 탄력 있게 앞으로 치달리는 일은 좀체 보기 힘들기 때문이다. 반면 준비된 사람은 어떤 상황에서든지 부드러운 출발과 함께 역동적이면서도 유기적인 움직임으로 자신의 흐름을 만든다. 하지만, 현실은 언제나 이상과 다르다. 마치 가슴 높이까지 오는 물속 달리기 경주처럼, 출발선에서는 상상조차 하지 못했던 전혀 다른 무게와 저항이 갑자기 몸을 덮치곤 한다. 끝도 없이 드넓고 깊은 늪을 지나갈 때 무엇으로도 메우거나 돌아서 가지 못하고 가시밭을 헤치듯 온몸으로 건너야 하는 것처럼, 어떤 때는 걱정 근심으로 답답함과 불안함을 떨칠 수 없는 것도 사실이다. 준비되지 않은 사람일수록 그 순간에 휘둘리고, 준비된 사람일수록 그 차이를 극적으로 체감한다. 결국 결정적 순간에 드러나는 힘은 태도와 준비의 깊이라고 볼 수 있다.

　유년 시절, 덜컹거리는 완행열차에 올라 곰곰이 생각해 봤다. 한 방향의 여정, 같은 공간 속에서 나는 왜 좌석도 없이 흔들거리는 입석으로 가고 있는지 말이다. 그리고 매번 뒤따라오던 다른 열차를 앞서 보내기 위해 내가 탄 기차는 왜 한참을 선로에 멈추는가 생각했다. 이러한 생각들은 내가 어른이 되어서도 마찬가지였다. 상황만 다를 뿐 비슷한 느낌으로 떠오른 적이 많았기 때문이다. 같은 입장인데도 차례를 양보해야 하거나 내 쪽에서 몸을 낮추어야 하는 일들이 그렇다. 때론 쉽게 이해되지 않았다. 같은 길을 내달리는 차들을 피해 가장자리 저속차선으로 조심스럽게 달려야 하는 느낌이랄까……

　살다 보면 성장과 성공의 길목에서 누구나 '물속 달리기'를 거치게 된다. 하지만 그것들로 너무 많은 스트레스를 받거나 걱정할 필요는 없다. 가혹한 운명의 장난이 아닌 이상 당신의 소양과 태도만으로도 상황을 떨치거나 능히 극복해 낼 수 있기 때문이다. 자신과의 싸움에서 매사 고비가 있기 마련이고, 그때마다 작심과 실천이 필요하긴 하다. 발목까지 오는 냇물이 아니라 목까지 차오르는 강물, 또는 바닥에 발도 닿지 않는 채 낙조에 걸려 더 깊은 곳으로 빠져드는 바다를 택했다면 그에 맞는 저항을 해야 할 수도 있다. **물에 들어가 덮치는 파도에 맞서며 짠물을 먹어 보지도 않고 바다 수영을 책으로만 배울 수는 없는 노릇이다.** 바다 같은 세상에도 방해와 훼방, 시샘과 반칙이 아무렇지 않게 너울대지만, 살고자 그리고 나아가고자 물살을 가르고 길을 내야 한다. 남을 너무 의식해 망설이거나 주저하기보다는 느리더라도 꾸준히 전진하면 되는 것이다.

**손에 만져지지도 않고 눈에도 보이지 않는 시간, 아무런 성과가 기대되지 않는 구간도 '성장의 일부'임을 이해할 필요가 있다.** 외려 더딘 시간을 통해 비로소 '무엇이 문제인지', '무엇을 준비해야 하는지'를 스스로 파악하고, 예측이 가능한 범위 안에서 다양한 상황에 대비하면 된다. 단순히 넘치는 의욕이나 막연한 기대, 한참 미숙한 실력보다는 도달할 수 있는 적합한 목표와 계획이 필요하다. 그리고 자신이 보유한 보석 같은 자원을 상황에 맞게 최적화해 요구되는 완성도를 갖춰야 한다. 나아가는 길, 각 지점과 구간, 과정마다 스스로 적임자로서의 적격성適格性[21]을 입증하려는 자세도 중요하다. 그 과정에서 평판評判을 관리하며 실무를 통해 멋지게 활약할 준비를 하면 된다. **지금은 수면 아래를 달리는 구간일 수 있다. '물속 달리기'는 누구나 한 번 경험하는 일이고 이내 끝이 있는 게임이라는 사실을 꼭 기억하자.** '나는 할 수 없을 것 같아.'라는 생각을 접어 멀리 내딛

---

**21** 무엇에 꼭 알맞은 성질.

져 버리고, '나는 잘할 수 있어.'라고 다짐하고 행동하면 실지로 할 수 있을 것이다.

---

### 양손잡이 자기경영(성공시대 편) 체크포인트 3

▶ 같은 물속 달리기 시합에서조차 나만 다른 조건에 놓여 있다고 핑계를 대고 있진 않은가?

▶ 기세도 좋지만, 목표로 삼은 일 앞에서 넘치는 의욕, 딸리는 실력으로 무작정 들이대고 있진 않은가?

▶ 어떤 상황에 놓이든 지금, 여기서 내가 해야 할 일을 찾아 실행하는가?

# 07

## 자기감시성이 무뎌지면
## 길을 잃는다

    사람으로 태어나서 아주 가혹한 시련에 내몰리거나 신에게 버려지듯 냉혹한 처지로 내던져지지 않는 한 인생은 누구나 양껏 누릴 수 있다. 결국 이 사람 저 사람 똑같이 공평하게 주어지는 24시간씩을 더해가며 하루하루를 소비하고 겪는 방식이라고도 볼 수 있다. 우리가 울음을 그치고 삶이라는 값진 선물을 받아 들었다면 이제는 스스로 매듭을 풀며 찬찬히 그 안을 들여다봐야 한다. 그리고 의미를 찾아가 보자.

    세일즈sales와 마케팅marketing이 비교와 경쟁을 부추기고 개인, 조직, 기업, 사회가 복잡하게 얽힌 생태계에서 우리는 소비자로서 수많은 선택 앞에 놓이고 다양한 판단을 하게 된다. 방향과 속력, 입력과 출력, 시간과 비용, 찬성과 반대, 신호와 소음, 성공과 실패 등이 아주 혼잡하게 맞물린 인생 여정의 각 접점과 과정마다 지혜롭고 현명한 의사결정을 해야만 한다. 자기 감시를 위해선 스스로 객관적으로 바라보고 일반화[22]하는 훈련이 필요하다. 이를 위해 자신의 과거와 현재, 의도와 목적을 스스로 들여다봐야 한다. 현 상태와 상황을 이해하고 분석하여 대안을 찾자. 물론 주변의 조언과 충고도 자기 내면을 다스리는 일에 많은 도움이 될 거다.

마크 스나이더Mark Snyder는 "자기감시自己監視는 사회 상황을 수용하거나 사회에 적응하기 위해 자신의 행동을 조절할 수 있는 능력이다."라고 정의한 바 있다. 우선 자기감시성[23]이 높은 사람은 대체로 의사결정에 있어 자신의 의견 외에도 다른 사람의 견해를 고려하는 경향이 있다. 반면 자기감시성이 낮은 사람은 사회환경, 상황, 타인의 의견을 경청하거나 검토하기보다는 자기중심적 내적 태도나 휴리스틱 룰heuristic rule[24]에 더 의존한다는 특징이 있다.

삶의 가치를 다루면서 나름의 목표와 기대 성과를 위해 충분한 데이터를 분석해 얻은 유의미한 정보는 지속적으로 관리할 필요가 있다. 인생의 주인공이자 활용과 탐색의 주체로서, 자신과의 대화를 통해 철저한 자기 성찰自己省察을 해야 한다. 즉 자기를 궁금해하고 상황에 따라 자신에게 말 걸 줄 아는 사람이 돼야 한다. 이 같은 노력이 더해져 까다롭고 변덕스러운 이해관계자를 상대하며 성장

---

**22** 개별적인 것이 일부에 한정되지 않고 전체에 두루 걸치게 됨.
**23** 상황 단서에 맞춰 자기의 행동과 감정을 관찰·통제하는 성향.
**24** 복잡한 문제를 단순화하여 해결하려는 행동 기준.

하고 발전할 수 있게 된다. 따라서 평소 감사와 반성을 습관으로 삼고, 갈등관리, 관계 개선을 생활화·체계화해야 한다. 이는 내면을 정화淨化하고 중심축이 어느 한쪽으로 기울거나 경화硬化되지 않도록 한다. 더불어 스트레스 관리와 숙면, 정신 관리에도 도움이 되고 위안과 회복, 컨디션 조절을 가능하게 한다. 그러니 가끔이라도 스스로에게 묻자. '지금 어떤지', '괜찮은지' 그리고 앞에 놓인 일을 '왜 하는지', 이후 '무엇을 할 것인지', '어떻게 하려는 것인지', '그래서 뭐가 좋은지' 말이다. 이어 합리적인 사고로 이익, 손해, 가치, 혜택, 위험, 위해요소 등을 조합하여 납득이 되도록 하자.

성공을 그르치는 많은 요인 가운데 자기 감시가 소홀할 때 일어나는 내면의 부정적 움직임에 특히 주의할 필요가 있는데 무례, 고집불통, 시샘, 위선, 교만, 오만 등을 우선 꼽을 수 있다. 안쓰럽게도 표면적 성공을 이루고도 주변 사람이나 관계자들로부터 작은 인정이나 박수조차 받지 못하는 사람들을 어렵지 않게 본다. 그래서 결국 길을 잃고 방황하거나 바람직하지 않은 모습으로 폭주하는 이들도 있다. 사람들의 관심과 지지를 받는 성취자, 존경받는 성공자로서의 품격을 위해 자기 감시는 필수다. 자기감시성의 역할 중 하나는 지속 가능한 성장과 발전의 원천인 자생력自生力[25]을 뒷받침한다는 거다. 무엇보다 자기 자신과 상황을 다양한 관점, 객관적 시점

---

25  스스로 살길을 찾아 살아 나가는 능력이나 힘.

으로 관찰, 성찰함으로써 목표와 기대 성과, 개선에 이르는 실효적 피드백feedback[26]을 이끌어낼 수 있다. **자기감시성은 자기기만이나 합리화를 치우고, 자신을 왜곡 없는 거울로 비춰보는 것, 거울 속 나에게 말을 거는 것에서 시작된다.**

---

### 양손잡이 자기경영(성공시대 편) 체크포인트 3

▶ 나는 객관적인 자기감시성을 갖추고 있는가?

▶ 나의 자기감시성은 타인을 의식하는 수준에 머물러 있지 않은가?

▶ 나는 평소 자기반성과 성찰의 시간을 가지면서 내면을 관리하는가?

---

26  진행된 행동이나 반응의 결과를 주체에게 알려 주는 일.

# 08

## 주변 사람을 제대로
## 파악하고 있는가

저출산·고령화 중심의 인구구조와 인구 감소에 따른 사회 변화로 1인 가구의 증가와 함께 혼밥, 혼술, 혼행과 같은 일인형 소비와 생활 방식이 빠르게 확산이 되고 있다. 도드라진 특징 하나는 사람들의 행동 또한 타인에게 큰 관심이 없다는 것이다. 경험하지 못한 대상에 대해서는 선택적으로 관계를 형성하지 않거나 접근하지 않는 경향을 보이는데 이는 어느덧 세대를 거쳐 시대의 씁쓸한 단편이 되고 있다.

성공을 논하기 전에, 우리는 인간으로 살아가면서 희로애락喜怒哀樂 등 다양한 감정 믹스[27]를 주고받는다. 여기서 살펴볼 점은 **사람 감정의 겉과 속에는 진짜와 가짜가 있다**는 점이다. 다른 사람의 기쁨과 즐거움을 마치 자기의 일처럼 진심으로 축하하는 사람이 주변

---

27  여러 감정 수단을 적절하게 결합 내지 조화해서 사용하는 것.

에 몇이나 될지 헤아려보자. 또한 상대방의 노여움이나 애절한 슬픔에 대해 곁에서 진정한 마음의 위로를 건넬 줄 아는 사람은 또 얼마나 있을까? 이 질문은 관계의 본질을 돌아보게 하는 중요한 지표다. 한 사람의 성숙함은 타인의 감정을 대하는 태도 속에서 더욱 선명하게 드러나기 때문이다. 주변 사람들을 살펴보기 전에 나 자신은 이 질문들 앞에서 어떤 모습인지 스스로에게 물어보자.

필자는 매년 1월 1일, 새해 첫날을 맞아 가족과 함께 팔공산을 다녀온다. 산중에는 한 가지 소원은 꼭 들어준다는 갓바위가 있다. 나라 전반의 경기가 불황일 때나 대학수학능력시험 혹은 여러 국가고시를 앞두고 전국에서 몰려드는 사람들로 항시 붐비는 장소이기도 하다. 이곳에는 자신을 위한 기도보다 가족이나 주변의 소중한 사람을 위해 공功을 들이는 사람들이 참 많다. 한참을 둘러봐도 그 모습들이 간절하고 정성이 듬뿍 담겨 있어 표현하기 어려울 정도로 뜨거운 기운이 더 오래 느껴지는 것 같다. 사람이 아닌 동물도 예외는 아닌데 많은 사람들의 관심과 사랑을 받으며 팬덤을 만든 자이언트판다 푸바오Fubao에 관한 성장 스토리와 다큐 영상을 보면 한국 생활을 마치고 중국으로 떠나는 판다에 대한 사람들의 애틋한 사랑과 따뜻한 교감, 간절한 응원까지도 느낄 수 있다.

**역사를 보고 동시대를 살피며, 과연 어떤 사람들이 필요하고 또 어떤 사람들이 해害로운지 잘 이해하자.** 험한 세상을 덩그러니 혼자 살아가는 사람이 있고 간섭과 위협이 되는 사람을 주변에 둔 이도 있지만, 그래도 언제나 든든한 조력자, 의논할 수 있는 동반자가 있다면 한 사람의 인생은 크게 달라질 수 있다. 누구나 사회환경으로부터 적지 않은 영향을 받기 때문이며, 우리가 맺는 인간관계와 인맥도 환경과 자원에 의해 결정된다고 볼 수 있어서다. 물질적으로는 자신이 주 활동 반경에서 주변 사람이 몇 명이 되건 그들의 연봉을 평균한 금액이 앞으로 나의 연봉이 된다는 말도 있다. 비단 금전뿐 아니라 삶의 태도나 스타일까지 영향을 받을 수 있는 것이다. 당신이 어떤 삶을 살고 싶은지, 어떤 사람이 되고 싶은지에 따라 곁에 둘 사람을 선택해야 한다.

자수성가自手成家가 있다고 하나 그것은 과정일 뿐 완성된 성공이라 말하기는 어렵다. 성공은 결코 혼자만의 힘으로 이루어지지 않는다. 그러므로 개인은 주변 환경과 인간관계를 사회적 교환관계 측면에서 양적 · 질적으로 폭넓고 새롭게 재구성할 필요가 있다. 요즘은 어느 한쪽이 아닌 경쟁과 협력을 통해 성장과 이익을 추구하는 코피티션copetition도 유연하게 받아들여진다. 공동의 목표를 위해서라면 어제의 적대적 관계가 오늘의 우호 관계가 될 수 있다는 뜻이다. 인간은 사회적 존재이고 모든 일에 능통한 만능인일 수 없다. 그러므로 사람이라면 누구나 다른 사람과의 접촉과 관계를 통해 살아간다. 이 과정에서 우리는 여우 같은 사람, 늑대 같은 사람, 곰 같은 사람, 하이에나 같은 사람, 뱀 같은 사람 등을 만난다. 누구나 사

**람을 좀 볼 줄 안다고 착각하며 산다.** 하지만 '귀신 속은 알아도 사람 속은 모른다.'라는 속담처럼 사람의 본심은 쉽게 드러나지 않는다. 경험을 해 봐야 그때마다 조금씩 느끼며 알 수 있다. ABO식 혈액형[28], MBTI[29] 같은 도구나 관상, 손금, 사주팔자, 별자리 등으로 명확한 답을 찾아 쉽게 던질 수 있는 건 아니다. 인간관계의 득실이나 유불리를 따지는 계산식이나 저울질에서 벗어나 선입견, 편견, 오판을 주의하며 사람의 이중성, 즉 인간의 위장성僞裝性과 본성을 깊게 살펴야 한다. 결국 중요한 것은 단순한 정보가 아니라 직접 경험을 통해 얻는 통찰이다. 사람을 알아가는 과정에서 성급한 판단을 경계하고, 열린 마음으로 관찰할 때 비로소 진짜 관계가 보이기 시작할 것이다.

큰 틀에서 '진짜와 가짜가 있다.'라고 생각할 때, 사람의 앞모습과 뒷모습, 겉과 속이 다른 인간계에서 하나뿐인 내 편, 진짜 내 편이 있는지는 무엇보다 중요하다. 즉 온전한 성장을 위해선 진정한 파트너, 서포터 또는 팬과 함께 성장하고 발전할 수 있어야 한다. 아울러 자신과 관계를 챙기는 순서를 다음과 같이 제시하고자 한다. 'I-F-C-S-W' 즉, 어떻든 저떻든 나I, 내가 가장 우선이다. 나의 심신이 제자리에 없거나 불안정하다면 그 무엇도 의미와 가치가 작아지기 때문이다. 자기 자신부터 단단하게 잘 챙겨보자. 다음이 생

---

28  카를 란트슈타이너(Karl Landsteiner)가 발견한 혈액형 체계.
29  Myers와 Briggs가 고안한 자기 보고식 성격유형 지표.

활 속 가족과 친구family, friends; F로 하나뿐인 내 편이 있을 확률이 가장 높은 그룹이기도 하다. 그다음은 커뮤니티나 일과 관계된 조직 또는 직장company; C, 이해관계가 얽힌 사회society; S 그리고, 이들을 품은 세상world; W의 순이다. 사명감이 높은 독립 투사나 애국열사, 봉사조직, 국제사회를 무대로 활동하는 비영리 단체 등에는 송구하지만 일반적인 상황에선 어쩔 수 없다. 자기 자신을 코어core[30]에 두고 하나씩 더해 가야 하는 이유이다.

---

### 양손잡이 자기경영(성공시대 편) 체크포인트 3

▶ 나는 혼자인가? 아니면 뜻을 같이하며 협력, 협업하는 사람들이 있는가?

▶ 내 주변에는 어떤 사람들이 있는가? 그들은 어떻게 분류되는가?

▶ 나는 진짜인가? 다른 사람들에게 어떻게 인정받고 있는가?

---

**30**  핵심적인, 가장 중요한, 알맹이, 중심부.

# 09

## 가난하다면 결코
## 성공할 수 없다

알리바바그룹Alibaba Group의 창업자 마윈馬雲, Ma Yun은 평범한 가정에서 태어났지만, 강자들과 경쟁하는 세계적인 기업을 일궈세운 인물이다. 그는 한 인터뷰에서 세상에서 같이 일하기 힘든 사람을 언급하며 가난한 사람을 꼽은 적이 있다. 그는 왜 그런 가슴을 후벼 파는 말을 던진 것일까? 마윈이 그렇게 말한 데에는 여러 이유가 있다. 우선 남을 잘 믿지 못해 조심하고 의심에 사로잡히는 경향을 본 것이다. 또한 가난이 내포하는 필연적 결핍缺乏이나 결여缺如를 딛고 다부진 실행과 꾸준한 실천을 통해 마침내 성공에 도달하는 이가 매우 드물기 때문일 것이다. 협력協力과 협업協業을 통한 성공적인 공동사업을 위해선 근심, 걱정, 조바심 등의 감정을 적절히 통제하며 불평, 불만, 변명, 핑계, 남 탓을 철저히 걷어내야 하지만 다수는 대체로 그러지 못한다. 따라서 경제적 가난이 아니라 개인의 성공과 대립이 되는 자존감, 자신감, 자립심 등의 빈곤에서 속히 벗어나야 한다.

생각보다 많은 사람들이 '대박' 같은 요행, '한방' 같은 완벽한 타이밍을 마냥 기다리며 살아간다. 누구보다 더 많은 생각을 하고 스스로 잘 알고 있다고 착각을 하지만, 정작 그 누구보다 적은 일을 하며, 시늉만 하거나 이상과 현실 어딘가에서 헤매는 사람들도 참 많다. 자타가 인정할 수밖에 없는 성공자가 되기 위해서는 재무자원 못지않게 인적자원과 여유 자원의 관리도 중요하다. 특히 한 사람 한 사람의 인간적 소양과 역량은 지속 가능한 성장과 발전을 위한 동력이며, 일과 생활의 분위기를 챙기는 것과 직결되어 있기 때문이다.

이해관계자와의 관계관리를 위해 최소한 자신의 습관, 개성, 태도, 이미지, 스타일, 평판을 어느 정도 의식할 필요가 있다. 그리고 되도록 이러한 평소 점수들을 객관화客觀化[31], 일반화하여 점검하고 관리해야 한다. 당연한 이 부분을 관심 있게 잘 챙기지 못한다면 결국 오해를 바로잡거나 부족한 부분을 메우기 위해 사람, 시간, 비용 등등 추가 자원의 투입이 불가피하다. 경우에 따라선 골치 아픈 상황을 초래할 수도 있다. 결국 이런 것들에서 비롯된 결점缺點으로 인해 기대하고 바라던 마음만 누르고 미루다가 스스로 가난한 사람이 되고 마는 것이다.

---

선대先代와 부모로부터 물려받은 유산이 많고, 펑펑 쓰고 남을 금전적 여유가 있다면 모를까, 누구나 가난한 시작을 한다. 빈손이라 가난하지만 헝그리hungry 정신[32]과 의지로 스스로에게 싸움을 걸며 마치 정글과도 같은 곳에서도 길을 찾아가는 이도 많다. **성공을 꿈꾸면서 이루고 싶은 일이 있는데도 여전히 계속해서 가난하기만 하다면 머물러 있는 자신을 되돌아봐야 한다.** 그리고 성공을 위한 디딤돌, 징검다리, 사다리, 마중물도 없이 어찌 성공하려 하는지 당신에게 묻고 싶다.

성공은 말로 떠든다고만 되지 않는다. 제대로 된 반성과 비판적 인식, 기획, 실천, 그리고 생생한 몰입沒入을 통한 피드백과 개선 없이는 무리다. 한낱 꿈같은 이야기로 공허하게 흩어질 뿐이다. 간절함, 절박함, 움직임도 없이 건성으로 성공을 떠들고 있다면 냉정하고 씁쓸한 이 말을 명심하자. 당신 수레에 소양이나 운영의 힘이 부실하고, 역량이나 응용의 힘이 빈약하여 **소리만 요란하거나, 제자리에 머무른 채 가난하기만 하다면 그 어떤 목표도 성공으로 이어질 수 없다.**

---

**32** 가진 것이 없는 마음으로 무엇이든지 열심히 하려는 자세.

## 양손잡이 자기경영(성공시대 편) 체크포인트 3

▶ 성공을 향한 지식, 스킬, 태도의 준비 상태는 어떻게 되어 있는가?

▶ 나는 시작에서부터 결과에 이르는 전 과정에 대해 스스로 책임지는가?

▶ 성장과 발전 프로세스에 나만의 블랙박스가 장착되어 있는가?

# 2장

## 활용과 소양

**현재의 나를
다지기 위한 손**

"위기와 기회 앞에서
스스로 가진 강점과 약점을 헤아리지 못해
제대로 활용하지 못하는 것만큼
어리석은 일이 또 있을까?"

# 양손잡이 자기경영 가이드라인
## 제2장 활용과 소양 편

2장은 개인의 성장이 과거에서 현재를 거쳐 미래로 나아가기 위해 반드시 갖추어야 할 기본 소양의 중요성과, 보유한 자원을 어떻게 바라보고 활용할 것인가에 대한 관점을 다룹니다. 변화와 불확실성 속에서도 흔들리지 않는 균형 감각, 계산보다 사람을 우선시하는 사고, 그리고 책임감 있는 태도의 중요성이 무엇보다 강조됨을 밝히고 있습니다. 또한 현재의 성과에 안주하지 않고 미래로 나아가는 리더십, 문제와 문제점을 구분하고 인식하는 통찰력, 일상에서 평판을 관리하고 관계 자산을 축적하는 노력의 필요성이 소개됩니다. 특히 한정된 시간을 가치 있는 일에 집중적으로 활용해야 함을 강조하며, 개인의 역량과 인간 중심의 사고체계가 지속 가능한 성장을 위한 핵심 자원이자 토대가 되어야 한다는 점을 분명히 하고 있습니다.

## 이 장을 읽을 때, 다음 질문에 주목하세요.

▶ 나는 남다른 용기, 열성, 신념을 지니고 있는지

▶ 사람들은 나를 어떤 유형의 인재로 인식하고 있는지

▶ 약속을 철저히 지키고 맡은 일을 끝까지 책임지려 하는지

▶ 과거의 경험과 현재의 자원을 토대로 미래를 설계하고 있는지

▶ 나의 이미지를 어떠한 방향으로, 어떻게 관리하고 있는지

▶ 정답 찾기에만 몰두하는지, 아니면 문제점에 접근하려 하는지

▶ 나의 존재감을 드러내는 긍정적 후광효과를 만들고 있는지

▶ 나는 정말로 바쁜 사람인지, 아니면 실상 게으른 사람인지

▶ 나는 인간중심의 사고로 사람들에게 곁을 내주고 있는지

# 01

## 오뚝이처럼 강건한
## 무게중심이 있는가

주위를 둘러보면 여기 갔다가 저기 갔다가, 이랬다가 저랬다가, 온종일 정신없이 분주한 사람들이 적지 않다. 매번 시시때때로 살아 움직이는 환경과 변화를 마주하며 상황과 흐름에 따라 유연하게 움직이려 하는 것은 잘못된 건 아니다. 하지만 가이드라인guide-line[33]이나 프로세스process[34] 같은 체계적 접근도 없이 시작부터 끝에 이르기까지 몸부림치듯 우왕좌왕하며 너무 많은 시간과 에너지를 허비하는 것은 아닌지 스스로 생각해 볼 일이다. 물론 여러 크고 작은 문제에 있어 어느 정도 예외적 상황은 있을 수 있다.

매사 준비할 수 있는 시간이 제대로 주어지지 않아서 불충분한 채로 다양한 목적과 요구사항에 부응해야 하는 멀티플레이multiplay가 필요한 세상을 산다. 그 과정에는 당연하다는 듯 간섭과 방해가

---

**33** 방향이나 방법 등에서 벗어나지 않도록 안내하는 지침.
**34** 일이 처리되는 경로나 목적에 이르는 하나하나의 단계.

발생하고 누군가의 기대로 인해 긴장이나 부담이 자신을 향해 압박으로 작용하는 순간도 있다. 이러한 상황 속에서 성공자처럼 시간적·재정적 여유를 갖추고 돌발 변수를 통제하려면, 대체 불가능한 매력이나 인정할 수밖에 없는 전문성, 즉 특정 분야에서의 탁월함을 갖춰야 한다. 아무리 흉내 내며 따라 해도 비슷해지는데 조차 시간이 걸리고, 같은 듯 보이지만 차이를 보이며 적어도 1퍼센트는 비교 대상보다 차별화 우위에 있어야 하겠다. 프로다운 진정성과 전문성을 두고 이해관계자가 인식하는 특별함이나 차별성이 거부할 수 없는 매력 포인트로 전해져야 한다. 궁극적으로 뒤흔들어도 쓰러지지 않는 내면의 중심축을 갖추어야 하는 것이다.

때로는 짙은 폭풍우가 몰아치는 어두운 밤의 길을 밝히는 등댓불처럼, 뜨겁게 타오르는 촛불의 심지 같은 뚝심과 묵직함으로 자기가 맡은 역할을 완수해야 한다. 그렇게 인내하면서 내일을 위해 하나씩 준비하여 기회를 만들자. 지금의 모습이 전부가 아닌 과정이라는 점에서 과거와 현재 그 어떤 순간에도 부끄러워하거나 가리려 애쓸 필요 없다. **흔들리며 중심을 잡되 오히려 담대한 꿈을 지향해야 한다.** 지금 '해야 하는 일'이나 '하지 않으면 안 되는 일', '해서는 안 되는 일' 등을 현명하게 판단하고 자신이 추구하는 가치에 부합되도록 습관과 태도를 조성해야 한다.

심술을 얼굴에 덕지덕지 칠하고 투덜대거나, 별것 아닌 일에도 쌈닭처럼 싸우려 들며 세상을 향해 공연한 시비를 벌이고 있다면 그것은 스스로 중심을 무너뜨리는 행위가 된다. 또한 갖은 핑계와 변명으로 환경 탓, 남 탓을 할 시간에 숨을 고르고 가야 할 길을 찾거나 앞으로 다시 한걸음 나서는 용기가 필요하다. **자기경영은 자기 자신을 사랑하며 보살펴야 지속이 가능하지만, 역설적으로 자신이 속한 사회와 기대되는 세상을 먼저 끌어안을 때 비로소 시작되는 것이기도 하다.**

방아를 한참 찧다가도 돌연 이치를 알고 큰 깨달음을 얻을 수 있는 것처럼 **바람직한 방향을 정하고 꾸준함의 힘으로 도전과 시도를 반복해야 한다.** 괜히 불안하고 답답함이 앞설 때가 수없이 있을 테지만 반복의 힘은 분명 위대한 것이다. 점적천석點滴穿石[35]의 뜻처럼 아주 하찮은 작은 힘이라도 그것이 한곳을 겨냥해 꾸준히 거듭되면 예상하지 못했던 큰일을 이뤄낼 수 있고, 마부작침磨斧作針[36] 같이 아무리 해 본들 되지 않을 것 같은 어려운 일도 느리고 더디겠지만 신념을 갖고 끊임없이 노력하면 반드시 특별함에 이를 수 있을 것이다.

작가 도종환은 『흔들리며 피는 꽃』에서 이 세상 그 어떤 아름다운 꽃들도 다 흔들림을 겪고 비바람에 맞서 따뜻한 꽃잎을 피운다고

---

**35**  작은 빗방울이 오랜 시간 한곳에 떨어져 돌을 뚫는다.
**36**  도끼를 끊임없이 갈아내어 결국 필요한 바늘을 만든다.

말한다. 흔들려도 괜찮다. 쓰러지지 않을 중심점에 조금 더 가까워 지거나 흔들리든 덜컹거리든 기대되는 다음으로 나아갈 수 있다면 괜찮다. 그러니 너무 심각할 필요 없다. 조금 더 나은 모습을 위한 워밍업 또는 준비 루틴이라고 생각하자. **흔들림은 우리를 멈추게 하는 요소가 아니라, 더 깊고 넓은 성장으로 이끄는 자연스러운 흐름이다.**

---

### 양손잡이 자기경영(활용과 소양 편) 체크포인트 3

▶ 나는 어느 때 무엇 때문에 흔들리고 마는가?

▶ 어떤 것이 있다면 흔들리지 않을 수 있을까?

▶ 내 삶의 무게중심은 무엇이라 할 수 있는가?

# 02

## 그저 똑똑하기만 해선
## 곤란하다

　세상엔 잘나고 똑똑한 사람들이 참 많다. 그들의 유능함을 볼 때, 그냥 착하기만 해서는 안 되는 듯하다. 큰 신망을 받으며 자신의 소신에 따라 도움이 필요한 곳을 향해 손을 뻗어 도움을 전하는 노블레스noblese[37]들도 있다. "세상은 사는 게 아니라 살아지는 것이다."라는 누군가의 말처럼 엎치락뒤치락하거나 돌고 도는 세상에서 대체 무엇이 옳고 그른 것인지 필자는 아직도 잘 모른 채로 산다. 흔히 말하는 사회적 힘 가운데 합법적 힘, 전문적 힘, 준거적 힘이 있거나 큰 명성을 갖춘 사람들은 그들의 선택에 따라 도움이 필요한 이들을 도울 수 있는 존재이다. 하지만 실망스럽게도 인간애의 소양, 따뜻한 온정 없이 차갑고 빠른 셈법이나 날카로운 청구, 두툼한 계산서를 앞세우는 사람들의 공리주의적功利主義的[38] 행태에 늘 문제가 생긴다. 관계 속의 인간에게 무엇보다 필요한 건 상대의 사정을

---

**37**　사회적 신분에 상응하는 도덕의식과 솔선수범하는 공공 정신.

**38**　모든 일에 개인의 공명과 이익만을 추구하는 경향이나 태도.

바로 보고 공감하는 것이다. **공감의 전제 조건은 '경청'이다. 그리고 경청하기 위해서는 대상을 향한 관심과 여건 전반에 대한 제대로 된 이해가 반드시 선행되어야 한다.** 하지만 헛똑똑이들에겐 이런 소통 과정이 간과되어 때에 따라 안타까움을 넘는 공분을 불러일으킨다.

권력까지는 아니더라도 명예나 부富처럼 우월한 힘을 하나 갖추었다면, 흔들리는 세상에서 자유도自由度[39]의 영향력을 지닌 것이나 다름이 없다. 따라서 사회와 세상을 향해 자신의 역할과 가치 즉 쓸모를 되짚어 보아야 한다. 그런데 여기서 아쉬움이 따른다. 남들보다 더 배워 똑똑한 사람들이라면 강자에게는 물론 연약한 이해관계자에게도 곁을 내주는 여유를 갖추어야 한다. 마음을 담아 먼저 손을 내밀고 도움을 전할 수 있어야 하지만 실상은 그렇지 못한 것이다. 매번 그네들이 속한 조직과 집단의 기조基調[40]를 맨 앞에 내세워 소시민들과 줄다리기하거나 자신들에게만 이롭게 싸움을 거는 모습은 이제 지겹기까지 하다. 자신의 사회적 본분과 가치를 상기해 각자 제 역할을 하며 바람직한 방향으로 공감하고, 발생한 쟁의를 다룰 줄도 알아야 할 것이다. 하지만 때론 어린아이 떼쓰듯 일부러 더 그러는 것 같아 답답하다. 그 똑똑한 머리로 한다는 짓거리와 실상은 참 개탄스러울 때가 많다.

---

**39** 주어진 조건에서 임의의 독립적 변화를 줄 수 있는 방법의 수.
**40** 사상. 정세 따위에 일관해서 흐르는 기본적인 경향이나 방향.

**'양손잡이 자기경영'의 한 손은 지금의 나를 살피고 다지는 데 필요한 것이다.** 탐색, 역량, 유능, 실력, 인재, 창의 등과 같은 똑똑함에 앞서 인간중심의 사고로 현재 가진 자원을 충분히 활용하면서, 성공자로서의 소양을 갖추어야만 한다. 즉 먼저 사람이 되어야 한다는 말이다. 이를 위해 성실, 태도, 인성, 건강 같은 인간미는 물론 운영, 신뢰, 신용 등의 평판 요소까지 제대로 된 관리가 필요하다.

세상은 성과 중심의 경쟁으로 심대하게 기울었지만, 인간은 본능적으로 평평함을 추구한다. 만족과 행복으로 자기중심을 잡는 가치전환의 필요를 느낀다. 사실 이 전환의 속도는 느리나 이미 진행되고 있다. 누구나 보편적 교육을 마치면 안정된 직장을 잡고 가정을 꾸려 일과 생활이 조화로운 균형을 이루며 양립할 수 있어야 한다. 하지만 실상은 다르다. 많은 제약이 있고 순조롭게 흐르다가도 난데없는 장애물을 마주한다. 어느새 나와 남이 서로의 허들이 되어 버렸다.

가혹함에 맞서 어린 나이에 일찍 철 드는 사람도 있지만, 정작 인생의 실전은 성년이 되어 시작되는 경우가 일반적이다. 사회 경험과 관계 관리가 미숙한 채로 시험과 경쟁을 위한 공부를 주로 해서 그런가, 겉으로 똑똑해 보이지만 언행과 마음 씀씀이는 그렇지 않은 경우가 많다. 그 똑똑한 머리로 진짜 공부를 해야 하는데 어른이 되어 정작 책 한 권도 읽지 않으면서 아이들에게 책을 보라고 한다.

자신은 다른 사람들과 쌈닭처럼 싸우고 상대에게 침을 뱉으면서도 아이들에게는 친구들과 대화하고 사이좋게 지내라고 한다. **유치원과 초등학교에서 배운 윤리와 예절의 반의반만이라도 지킨다면 우리가 살아가는 세상은 지금보다 안전한 환경을 갖추고 상대를 존중하는 모습 속에 서로에게 짐이 아닌 디딤 목이 될 것이다.**

불완전한 존재로서 인간의 세상살이는 유한하고 참 복잡한데 주위를 둘러보면 똑똑하기만 한 사람들이 너무 많다. 남들보다 시간과 재정적으로 윤택한 생활을 하지만, 타인의 관심과 존경을 받는 사람이 많지 않은데 그런 사람은 자신의 분야와 인간적인 면에서 진짜가 아닌 경우라고 할 수 있다. 특히 학자 또는 교수이면서도 자기 실적에 빠져 후학을 돌보지 않는 자, 연구자로서 답을 정해놓고 결과를 조작하거나 수행비만 탐하는 자, 정치인으로서 소통이나 다툼을 다루지만 동시에 협업도 하지 못하는 자, 기업가로서 이해관계자의 혜택을 간과하고 숨겨놓은 이익만 샅샅이 추구하는 자, 의사로서 환자를 내팽개치는 자, 공무원 신분으로서 진급이나 안위에만 관심을 두고 그 어떤 사명도 책임도 다하지 않는 자 등등 일일이 열거하자면 지면이 부족할 것이다. 그리고 보면 그런 가짜 대신 자신의 역할을 잊지 않는 믿음직하고 겸손한 사람, 존경받기 충분한 진짜 똑똑한 분들이 더욱 절실해 지는 세상이다. 머리보다 중요한 것은 마음이며 사람은 결국 사회적 관계로 평가를 받기 때문이다. 진짜인 사람, 진국인 사람들에게는 문제와 문제점에 대한 유연한 접근과 참신한 전략, 그리고 개선과 공동의 목표를 달성하려는 인간중심의 따뜻한 진심이 어느 정도 소양으로 갖춰져 있기 때문일 것이다.

---

### 양손잡이 자기경영(활용과 소양 편) 체크포인트 3

▶ 나는 똑똑하기만 한 사람인가? 아니면 똑똑하기도 한 사람인가?

▶ 나는 배우고 익힌 이론, 지식, 실무 경험을 어디에 어떻게 활용하는가?

▶ 사회 속 나의 본분과 사명은 무엇인가?

# 03

## 믿고 맡길 수 있는
## 일 근육을 만들자

"성공은 무서운 집중력과 반복된 학습의 산물이다."라는 말콤 글래드웰Malcolm Gladwell의 말처럼 성공하기 위해서는 강건한 육체와 기초 체력은 물론 건강한 정신이 반드시 요구된다. 평생교육 시대를 살아가는 오늘날, 일반적으로 초등학교, 중학교, 고등학교, 전문대학, 대학교, 대학원에 진학해 나름의 다채로운 꿈에 다가서는 그 근간에는 공부 머리 못지않게 배움에 대한 열의와 끈질긴 자신과의 싸움이 필요하다.

세상에는 교육자, 연구자, 전문가, 기술자, 사업가, 연예인, 정치인, 강사, 작가 등 수많은 직업이 존재한다. 어떤 직업 어떠한 일을 하던 그 과정과 결과에서 배우는 자세, 목표를 이루려는 정성, 그리고 인내와 욕심 사이 유기적인 마인드 컨트롤은 성공으로 가는 중요한 자양분이자 밑거름이 된다. 과거와 현재를 지나 미래를 맞닥뜨리게 될 때 무수히 많은 문제와 문제점을 다스리고 자신을 일으키며 목표를 향해 계속 나아가도록 돕는 힘이 마인드 컨트롤이기 때문이다. 또한 그 과정에서 많은 물집과 굳은살, 상처와 속상함이 회복과 치유 과정을 거쳐 강인한 맷집과 든든한 배짱을 만들기 때문이다. 이리 보면 공부는 타고난 머리도 있지만 포기하지 않는 끈질김과 꾸준함 즉 '공부는 엉덩이 힘으로 한다.'라는 말도 틀린 말이 아닌 것 같다. 누구나 할 수 있지만 또 모두가 잘할 수 없다는 말로 이해된다. 산만함을 없앤 집중력과 진정성은 성실한 태도로 드러나며, 신뢰는 반복 정도 등을 통해 끌어내진다.

비슷한 문제는 학업뿐 아니라 취업 현장에서도 자주 나타난다. 채용 서류를 검토하거나 다양한 형태의 면접을 진행하다 보면 경력 1년이 채 되지 않은 지원자들이 적지 않게 등장한다. 대부분은 "적성에 맞지 않았다."라는 이유로 이전 직장을 쉽게 그만둔 경우가 많다. 물론 당시엔 각자 나름의 사정과 불가피한 상황이 있었을 것이다. 그러나 그 이면에는 다소 아쉬움이 남는다. 면접 자리에서, 사람이든 AI든 누가 작성해 준 듯한 형식적인 문장과 외워 온 듯한 대답을 반복하기보다는, 스스로 선택한 경험이 무엇인지, 어떤 과정이 있었는지, 그 안에서 무엇을 배우고 어떻게 성장하고 싶은지를 진솔하게 이야기해 주기를 바랄 때가 많다. 혹여 메뚜기나 철새 같은 이미지의 이력을 지적하려는 게 아니고, 가치와 의미를 세우지 못한 일에 붙박이를 하라는 것도 아니다. 다만 사회를 구성하는 개인과 가족, 학교와 일터의 구성원 모두가 '일'의 의미에 대해 진지하게 되새겨 보아야 함을 강조하고 싶다. 그 진지함에서 각자의 정체성과 인생 스토리가 자원으로 분명하게 드러날 수 있기 때문이다.

'나는 이 일을 왜 하지?', '나는 어떤 의미로 무엇을 배우려고 하지?', '배우고 익힌 것을 활용하겠다는 의지와 일머리가 있나?', '나는 달고 썼던 일 경험이 풍부한가?', 방해와 간섭, 변수, 고충이 있는 상황과 얽히고설킨 관계 속에서 **'뜻한 바를 관철할 수 있는 일 근육을 갖추었는가?' 다시 생각해 보자.** 여기에 더해 범위와 깊이, 자원의 연결과 조직 관계를 넘나드는 멘탈 관리가 원활하고 조화로운지 한 번 더 점검해 보자.

> ### 양손잡이 자기경영(활용과 소양 편) 체크포인트 3
> ---
> ▶ 나의 꿈을 이루기 위해 앞으로 어떠한 이론적 지식이 필요한가?
>
> ▶ 나의 꿈을 이루기 위해 앞으로 어떠한 실무적 경험이 필요한가?
>
> ▶ 나는 나 자신과의 약속에 대해 책임감이 있음을 어떻게 증명할 수 있는가?

# 04

## 당신의 베이스캠프는
## 선도적인가

푸른 초원 위에 자리 잡은 그림 같은 집에서 절경을 이루는 산을 바라볼 때, 같은 장소지만 그곳을 찾은 외국인과 한국인의 소감은 사뭇 다르다고 한다. 고즈넉이 창밖 먼 산을 바라보며 많은 외국인은 '경치가 눈부시게 아름답다.', '대자연은 위대하다.'라고 한다. 그러나 대한민국이 어떤 나라인가. 한국인은 그저 바라보는 것에 그치지 않고 '저 산 정상을 밟아 봐야지.', '기필코 저 산을 정복하고 말 거야.'와 같이 금방이라도 산에 오를 사람처럼 말한다고 한다. 세계 어디서나 한국인의 도전 정신과 강한 승부 기질은 참 대단한 것 같다.

성공자가 되기 위해 '성실'과 '유능'이라는 값진 자원을 양손에 갖추고서도 오래 지나지 않아, 자의든 타의든 주저앉거나 무너지는 사람들이 있다. 그 배경에는 몇 가지 문제 유형이 있다. 첫째, 현재의 발생형 문제는 어떻게 넘어갔더라도 향후의 설정형 문제와 맞닥뜨렸을 때 유리한 진영에 서지 못한 경우이다. 둘째, 자기 감시가 부족했거나 통제와 조율에 필요한 내부 및 외부의 시그널 또는 피드백을 간과한 경우이다. 지속 가능한 성장과 발전을 위해서는 많은 변화를 겪으며 나아가야 하는데, 잠시 멈춰 서서 기다리고 돌아보는 시간을 어느 정도 할애해야 한다. 대나무 마디처럼 생애주기에 따라 적절한 성장판을 다지고 관리해야 한다. 설정한 목적지에 빠르게 도달하는 것도 중요하지만 그 자체가 맹목적인 행위가 되어서는 곤란하다. 세상에 공짜는 없고, '총량의 법칙'처럼, 무언가를 얻기 위해서는 반드시 감당해야 할 몫이나 잃는 것도 있기 마련이다. 이러한 이치를 외면하고 조급해하거나 서두르다 보면 주변을 살피지 못하고 본래의 의도나 마음과 다르게 놓치는 것이 생긴다.

통제권을 상실할 정도로 너무 높고 빠르게 가려고 하면 탈이 난다. 기본기의 부실이나 방심은 잘 보이지 않는 곳에 문제를 들인다. 따라서 성공에 이르는 과정에서 자신의 역량과 이해관계, 주변 전반의 환경 고려가 필요하다. 우선은 목표와 코스를 구분하는 것이며, 다음은 적정한 시기, 적합한 지점에 베이스캠프base camp[41]를 마련하는 일이다. 그런 후 방향, 속력 등의 방안과 하드웨어, 소프트웨어, 휴먼웨어 등의 자원으로 기회를 준비하며 점검과 오버홀 overhaul[42], 유지 보수가 이루어져야 한다. 이러한 기반과 채비가 갖춰져야 비로소 다음 중간 지점과 최종 목적지를 향해 안정적으로

---

**41** 탐험의 과정에서 근거지로 삼기 위하여 설치하는 공간.
**42** 어떤 설비나 구성품을 분해해서 점검하고 정비하는 일.

나아갈 수 있다.

자기경영을 하는 리더에게는 분명한 목표가 있다. 목적지에 이르는 루트가 있고 그 과정에 필요한 캠프와 파트너 그리고 장비가 있다. 이때 베이스캠프는 성공으로 가는 교두보橋頭堡이자 숨을 고르는 공간이다. 경로를 인도引導하는 선도기지先導基地로써 활용과 탐색이 공존하는 곳이다. 또한 목표 지점과의 간격을 좁히는 중간 지점이기도 하다. 모든 일들이 마음먹기에 달렸지만 그렇다 해도 한달음에 오르내릴 수 있는 산은 어디에도 없다. 과정이야 어떻든 결과적으로 오르막의 험난한 경사로를 지나 높은 곳을 향하기 위해서는 체력과 정신력, 현실적인 준비와 대처 능력을 갖춰야 한다. 이제 기획과 계획, 전략과 전술을 통해 효과적이고 효율적으로 성취하는 실효적인 고민을 해보자.

> ### 양손잡이 자기경영(활용과 소양 편) 체크포인트 3
>
> ▶ 나는 얼마나 많은 베이스캠프를 거쳐서 지금 여기까지 왔는가?
> ▶ 현재 나의 베이스캠프 안팎에는 어떤 자원, 어떤 지원이 준비되어 있는가?
> ▶ 나의 다음 베이스캠프는 어느 지점이며, 거기서 무슨 일이 벌어질 것인가?

## 05

## 사람마다 다양한
## 접점과 이견이 있다


어떤 사람이나 사물로부터 받는 느낌을 '이미지image'라 하고 어떤 대상에 대하여 마음속에 새겨지는 감각을 '인상印象'이라고 한다. 그렇다면 '내가 생각하는 나', '다른 사람들이 바라보는 나', '다른 사람들이 나를 어떻게 봐줬으면 싶은 바람'이 각각 무엇인지 분석하자. 이는 앞서 언급한 자기감시성과 같은 맥락이다. 격식이나 관습에 얽매이지 않는 사람들이나 타인의 시선을 의식하지 않는 이들도 있다. 하지만 우리에겐 될 성싶은 나무를 떡잎부터 알아보는 안목과 식견, 즉 혜안이 있다. 이는 긴 시간을 같은 공간에서의 함께함으로 구체화된다. 그동안 파악된 성향, 개성, 태도 등을 바탕으로 이미지와 연상을 갖게 되는 것이다. 하지만 디지털 전환과 초연결의 시대를 살다 보면, 껍데기 같은 가면과 겉치레를 걷어낸 진솔한 표현과 공감 없이는 서로에 대해 진정한 앎은 묘연하다.

초면인 상황에서도 사람들은 짧은 시간 내에 상대방의 이미지나

스타일, 외형적 단서를 해석하고 분석하는데, **이 첫인상은 이후 관계에서 적지 않은 영향을 미친다.** 따라서 단정한 외모, 예의 바른 자세, 긍정적인 어투와 부드러운 어감, 소통 과정에서의 반응이나 제스처 등은 모두 좋은 이미지와 인상을 만드는 기본 요소가 된다. 표정, 인상, 외모 관리는 단순히 외적인 요소만이 아니라 개인의 개성, 태도, 전문성 등을 포함한 퍼스널 브랜딩personal branding에도 관여하며 신뢰와 지각된 기대를 만들기에 그 중요성은 날로 커진다.

사람에 대한 이미지와 인상, 평판은 비교적 오랜 시간에 걸쳐 형성되는 게 일반적이다. 그러나 한순간의 부주의 행동이나 미숙한 실수로 돌이키기 어려운 치명적 결과를 초래하기도 한다. 최근 헤드헌터, 빅데이터 전문가, AI 기술자, 평판 분석가들은 온·오프라인 환경을 오가며 개인의 이미지, 인상, 평판을 조사하는데 분석 내용 일부는 신입이나 경력직 인적자원 채용 시 반영하는 사례도 늘고 있다.

실리콘 밸리의 유능한 벤처 캐피털리스트venture capitalist[43]나 엑셀러레이터accelerator[44]들의 사례를 살펴보자. 이들은 '되는 개인', '되는 조직', '되는 기업'은 물론 성공할 만한 사업 아이템 또는 재목을 알아보는 것에 생각보다 많은 시간이 요구된다고 한다. 그러나 반

---

**43** 유망 벤처 기업들을 발굴하여 키워내는 벤처 투자 전문가.
**44** 아이디어와 사업화 자문 및 자금과 인력을 지원하는 사람.

대로, '안 되는 사람', '안 되는 조직', '안 되는 기업'과 실패 가능성이 높은 사업 아이템 또는 문제아를 알아채는 것까지는 엘리베이터 피치가 가능한 시간 즉, 길어야 2~3분 남짓한 짧은 시간만으로도 가능할 수 있다고 호언한다.

한 사람의 진정성은 모든 사람에게 통하는 보편적 언어가 되고 다양성을 품는 기반이 되고 있다. 무언가를 했다면 성과를 내야 하는 이 시대에서 개인, 조직, 기업, 사회, 국가 등 다양한 차원에서 어느 수준이든 이미지와 인상을 신경 써서 관리해야 한다. 이는 정체성과 본질을 말없이도 효과적으로 전달하는 도구이기 때문이다.

---

### 양손잡이 자기경영(활용과 소양 편) 체크포인트 3

▶ 거울 속 내 인상과 이미지는 괜찮은가?

▶ 내가 가진 감각과 스타일은 어떠한가?

▶ 나는 편안하고 호감이 가는 사람인가?

# 06

## 문제에 다가서서
## 문제점을 찾아내라

쉽지 않지만, 다소 서툴고 부족한 실력이라도 때로는 패기와 기세를 끌어올려 당당하게 세상과 맞서야 한다. 그때그때가 아닌 이전보다 나은 모습으로 안정된 삶을 꾸려가기 위해서는 반드시 선행되어야 하는 일이 있다. 문제에 접근해 이해하는 것, 문제의 본질을 찾아 가려진 문제점을 파악하는 것이다. 자기경영에서 말하는 '개선'은 크게 세 단계로 나뉜다. 첫째, 근원적 문제에 대한 인식 후, 분석과 검토를 통해 현 상황을 이해하고 철저히 반성하기. 둘째, 목표 설정과 실효적 대안을 세워 실천하고 이후의 변화를 경험하기. 셋째, 새로운 전환을 위한 반복적이고 지속적인 실행과 학습을 습관화하기다. 그래야 회귀回歸하지 않는 진정한 개선이라고 할 수 있다. '문제'라는 단어의 의미는 각자가 다양한 환경과 상황에서 맞이하는 '해결해야 할 모든 것'이라고 해 두겠다.

겉으로 드러나는 문제 외에 보이지 않는 내면의 불균형이나 기대

불일치에 직면하는 용기가 필요하다. 놀이라면 모를까, 마음을 졸이며 기다려온 중요한 순간을 앞두고 일말의 반성이나 개선 노력도 없이 그저 '일단 해 보자', '오늘은 잘해 보자', '이번엔 잘 될 거야'와 같은 근거 없는 자신감이나 운에 기대는 방식, 넘치는 의욕에 비해 딸리는 실력은 바람직한 전략일 수 없다. '아무것도 하지 않으면 아무것도 달라지지 않는다.'라는 말처럼 결국 주체적인 변화와 도전 없이 운에 의존하는 방식으로는 이전과 같아져 버리거나 유사한 결과가 나올 확률이 높음을 명심하자.

정상급 프로 선수, 그리고 각계의 뛰어난 전문가들을 보면, 그네들은 일상에서 평범해 보인다. 하지만 특별한 상황, 즉 자신들의 주된 분야에선 지식, 스킬, 태도 등 여러 면에서 경쟁자를 비롯한 타인과 다르다. 그들은 자신과 상황을 관찰하고 관리하며, 문제해결을 위해 문제점을 찾아 개선하고자 노력했다. 포기하지 않았고 쉽게 타협하지 않으며, 바람직한 대안을 끈질기게 탐색할 줄 아는 인물들이다. 이러한 태도와 실행력은 결국 그들을 정상의 자리로 이끌었다.

어떤 문제를 해결하기 위한 기획안 수립 이후 진행 절차나, 순서와 상황별로의 처리 방법을 담은 팩을 '프로그램'이라 한다. 프로그램은 단단한 돌에 문자나 기호를 새겨 넣듯, 사전 약속으로 언제나 일관되게 운영돼야 한다. 무슨 일을 하고자 할 때 확고한 마음과 흔들림 없는 의지를 바탕에 새겨 두는 것과 같다. 개인의 삶에서도 마찬가지다. 누구나 문제를 발견하고 이해하는 단계에서 출발해 기획하고 계획을 세워 문제 접근, 실행, 점검, 개선하며 다양한 의사결정을 한다. 따라서 자신의 상황과 역량에 맞는 프로그램을 갖추자. 문제 개선 프로그램은 남다른 재능이자 역량이며, 습관의 대전환을 통해 프로세스의 안정화, 시스템의 내재화와 고도화로 연계된다.

자기경영에 실패하는 이유는 현상, 즉 문제를 제대로 이해하지 못함이고, 문제의 본질과 원인이 되는 문제점을 정확히 찾지 못함에 있다. 자기경영에서 진정한 관리는 진짜 문제, 즉 문제의 원인에 가까운 '문제점'을 통한 개선에 있다는 사실을 새겨 둬야 한다. 성공한 사람들은 최적의 솔루션 도출을 위해 가장 먼저 하는 것이 있다. 외부 요인을 고려하기 전에 내부 요인을 면밀하게 살피고 자문한다. 자기경영의 경우 외부 환경을 통제하는 데는 한계가 있다. 항상 자기 자신으로부터 시작하자. 모든 개선의 출발점은 결국 자기 자신이 되어야 한다.

---

**양손잡이 자기경영(활용과 소양 편) 체크포인트 3**

▶ 자기경영 상의 애로사항이나 고민은 무엇인가?

▶ 나는 문제와 문제점을 구분하여 관리하는가?

▶ 문제 인식에서 나아가 개선을 위한 과제를 세우고 이행하고 있는가?

## 07

---

## 후광효과는
## 느닷없이 생기지 않는다

　자기경영의 질적·양적 기대 수준에 도달하는 데 있어서 가중치가 가장 큰 요소는 건강이며, 그다음 신뢰信賴와 신용信用을 꼽을 수 있다. 우선 심신이 건강하고 불편이 없어야 무엇이든 구현해 볼 수 있는 시작이 되므로 건강관리는 무한히 강조해도 지나침이 없다. 신뢰와 신용은 개인의 성장뿐만 아니라 사회적·경제적 성공을 좌우하는 결정적 요인이다. 즉 자기 자신을 내포하는 상품이자 상표, 때로는 기회와 선택에 영향을 미치는 한 장의 수표가 된다.

　인간이 이해하고 체감하는 '신뢰'는 경험재로써 대인관계에서 핵심 요소이다. 특히 신뢰는 언행과 태도 전반의 일관성 있는 맥락을 통해 만들어진다. 한 개인이 신뢰를 얻으면 더 많은 기회, 더 큰 기회가 주어지고 본인의 활동 범위와 깊이에 따라 사람들과의 협력과 협업이 원활해진다. 다시 말해, 신뢰는 모든 연결과 관계의 토대가 된다. 신용은 경제적 측면뿐 아니라, 개인의 평판 즉, 평소 점수와 직결되는 사회 자본이기도 하다. 신용이 좋은 사람은 게스트, 파트너, 동반자로 초대받을 기회를 상대적으로 많이 얻을 수 있으며, 더 넓은 관계망을 활용할 수 있다. 또한 위기와 위험 상황에서 주변으로부터 도움을 받을 가능성이 높아진다.

다만 **신뢰와 신용은 한 번 잃으면 사람들에게 각인되는 효과가 커서 온전한 회복이 어렵다.** 주변의 차가운 시선과 응대가 잔인하게 보이지만, 그만큼 철저한 관리가 요구된다는 의미다. 하나를 보면 열을 알 수 있는 것처럼, '깨진 유리창의 법칙'이 신용과 신뢰의 문제, 즉 사고 즉시 가동함을 명심해야 한다. 따라서 평소 말과 행동을 일관되게 갖추고 작은 약속이라도 어김없이 잘 지키는 습관이 필요하며, 솔직하고 투명한 소통을 위해 노력해야 한다. 남 탓이나 핑계, 변명을 늘어놓기보다는 책임감 있는 자세와 솔선수범의 태도를 보이는 것도 중요하다. 인적 신뢰와 재무적 신용이 양립하면 좋겠지만 논리곱처럼 어느 하나가 '0'이라면 나머지도 결국 '0'이 되므로 이미지와 평판으로 이어지는 신뢰와 신용을 시작부터 끝까지 잘 관리해야 한다. 이로써 신뢰와 신용은 삶의 질을 높이는 기제가 되며 이를 꾸준히 관리하는 것으로도 성공적인 자기경영의 바탕을 이룰 수 있다.

**신뢰와 신용이 있는 사람에게는 지워지거나 가릴 수 없는 매력적인**

**후광효과**halo effect[45]**와 지속적인 혜택이 따른다.** 예를 들어 새로운 관계를 만들어 내거나 협업을 해 보자는 제안을 받을 수도 있고, 내 사람처럼 다른 사람에게 소개하고 싶은 존재가 될 수도 있다. 심지어 신뢰를 주는 이가 어찌 보면 남인 나에게 매사 하는 일이 잘되기를 바라며 자신의 자랑으로 여기기까지 한다. 그리고 '그 사람, 정말 진국이야.', '아니 저런 사람이 성공하는 거지, 누가 하겠어.', '좌우간 어떤 일이든 그 친구한테 맡기면 해결돼', '이 사람 진짜야', '사람도 참 좋은데 일 하나는 하여간 끝내 줘. 탈이 없어!'라는 말을 어렵지 않게 들을 수 있다. 작은 약속 하나, 작업 과업 일지라도 이런 평가를 평소 들으며 사는지 돌아볼 필요가 있다. 그리고 스스로 자신에 대한 평소 점수를 매기고, 주위의 강한 관계와 연약한 관계에 있는 다른 사람이 매긴 점수와 비교해 보자.

---

### 양손잡이 자기경영(활용과 소양 편) 체크포인트 3

▶ 이해관계자에게 나는 신뢰가 있는 사람인가?

▶ 주위 사람들에게 나는 신용이 있는 사람인가?

▶ 내겐 든든한 후원자 또는 서포터즈가 있는가?

---

**45** 한 대상의 일부 특성이 다른 특성의 평가에 영향을 미치는 것.

# 08

---

# 정신없이 바쁘다면
# 그게 타임푸어다

직장에 다니던 시절에는 여러 나라의 실무자들과 소통해야 하는 일들이 많았다. 일정 시간이 지나면 그들이 자연스럽게 우리나라에 관심을 보이며 공통으로 물어보는 내용이 하나 있다. 그것은 바로, 한국 사람들이 메일이나 팩스를 보낼 때마다 왜 제목과 내용에 'urgent(긴급한)', 'as soon as possible(되도록 빨리)'와 같은 표현을 자주 사용하는가 하는 것이다. 그들은 대부분의 메시지에서 그러한 표현이 실제로 어떠한 상황을 의미하는지, 정말로 급한 사안인지 분간이 어렵고 평상시 일을 왜 그렇게 처리하는지 잘 모르겠다는 것이었다. 문화 또는 맥락의 차이가 있을 수도 있겠지만, 그 이후로 나는 이러한 표현들이 오히려 목적을 더 모호하게 만들 수 있다는 사실을 분명히 인식하게 되었다.

여러 과제나 과업, 컨소시엄, 팀 프로젝트에 관한 일 처리는 그렇다고 치고, 정작 자신의 시간 관리는 어떠한가? 잠시 생각해 보자.

일반적으로 하루 24시간, 한해 365일이라는 시간의 양은 누구에게나 똑같이 주어진다. 그런데 흥미로운 점은, 시계부時計簿[46]를 작성한다거나 분 단위 통제까지는 아니더라도 유리한 위치에서 시간의 주인이 되어 이를 관리하며 살아가는 사람들이 존재한다는 것이다. 반면 불리하고 불편한 위치에서 자신과 남의 시간에 코 꿰어 끌려다니거나 협업을 지연시키며 아슬아슬하고 분주한 삶을 사는 사람도 적지 않다. 이처럼 많은 이들이 시간을 제대로 잡아 통제하지 못하는 '시간 낭비자' 즉 '타임푸어'에 해당한다. 자기경영을 이루는 요인 가운데 시간 운영은 가장 핵심적이다. 시간 관리라는 말은 일정 범위 내에서 한정된 시간을 내 편에 두고자 어느 정도 조율할 수 있다는 의미로 해석할 수 있다. 마음먹기에 따라 시간의 깊이 즉 질적 가치도 키울 수 있다.

지닌 가치에 비해 실상 공짜처럼 쥐어지는 시간이라는 자원은 리필refill이 없고 빌릴 수도 없으며 지나가 버리면 끝이다. 미숙함이나 실수가 있는 경우, 시점을 되돌려 기회가 다시 주어진다면 고쳐보거나 더 나은 결과를 얻을 수 있을 것 같은 생각이 들지만 현실에서는 불가능한 일이다. 오래전부터 연말연시가 되면 '새벽형 인간', '아침형 인간', '무슨 무슨 모닝'과 같은 주제의 책과 강연이 있었고 지금도 그 단순한 주제가 여전히 사람들의 관심을 끌고 있다. 하지

---

**46** 시간의 투입과 낭비, 활용 등에 대한 기록을 적는 장부.

만 **다수의 사람은 시간 관리의 중요성을 잘 알면서도 잠시 그때뿐, 슬그머니 습관이 물든 일상으로 회귀하고 만다.**

　격무激務[47]를 감내하며 일해야 하거나 밤샘 작업을 하는 특수 직업을 제외하면 방해받지 않는 아침이나 이른 새벽 시간이 평소 일과나 저녁 시간보다 일하기에 질적 효과가 높은 건 사실이다. 또한 이 시간대는 외부의 방해가 적고 자신에게 온전히 집중할 수 있는 존재의 시간을 가질 수 있다는 장점이 있다. 부지런한 습관과 시간에 대한 나름 진지한 태도로 매일 아침 첫차를 타는 사람들, 약속 시간 전에 항상 먼저 도착하는 사람들 역시 시간을 운전하듯 다룰 줄 아는 사람에 속한다. 성공자는 환경과 상황에 대해 변명하지 않으며, 탁월한 타이밍을 찾고 합리적인 선택을 주도하는 이들이다.

　누구나 유한한 돈이나 시간 같은 유·무형의 자원이나 가치를 이용해 자신이 추구하는 다양한 목표들을 어떻게 효과적이고 효율적으로 이룰지 고민한다. 인간이 시간과 돈을 다루면서 겪는 실수와 실패를 들여다보면, 대부분 선택과 집중의 문제, 그리고 타이밍에 대한 해석과 대처 문제가 포함되어 있다. 그래서 **성공하는 사람들이 공통으로 잘 다루는 요소가 바로 '시간'과 '비용'이다.** 특히 시간 관리와 약속 준수는 진정성, 신뢰, 이미지, 평판 등 거의 모든 영역에 영

---

**47**　몹시 고되고 바쁜 업무.

향을 미친다. 말하자면, 중요한 순간에 칼날이 아니라 칼자루를 쥐고 주도권을 잡는 힘이 되는 셈이다. 누군가와의 약속 시간은 단순히 나만의 시간이 아니다. 그것은 서로가 공유하기로 동의한 공동의 시간이며, 그 약속을 지키는 태도는 곧 그 사람의 품격을 드러낸다.

사람은 본래 타인과 함께하고 싶어 하는 존재다. 그러나 시간이 부족해지면 마음의 구조가 달라진다. 여유가 사라진 자리에 조급함이 들어오고, 시야와 감성을 좁히며 결국 사람을 자기방어적이고 거칠게 만든다. 시간의 부족이 만든 정서적 빈곤이 사람의 여유와 선의를 잠식하는 것이다. 시간적 여유는 자기 회복과 관계 개선의 출발점이 됨을 기억하자. 망중한忙中閒이라 했다. 분주한 일상에서 잠깐의 여유를 찾아, 얻어 낸 순간의 가치와 행복은 그 무엇과도 바꾸기 어려운 측면이 있다. 하지만 '빨리빨리', '시간이 없어', '정말 급해'라는 말을 자주 뱉는다면 진짜 사정인지, 아니면 그냥 습관적 변명인지 다시 생각해 볼 필요가 있다. 어쩌면 여유와 안정감을 찾기 힘든 '타임푸어 time-poor' 상태일 수도 있기 때문이다. 결국 마음이 늘 분주하고 산만하다 보니 시간이 부족하다고 느끼는 경우가 더 많다. 사실 '바쁘다.'라는 말보다 더 염려스러운 점은 '정신이 없다.'라는 말이다. 세상은 정신을 바짝 차리고 살아도 잘 될까 말까 한 상황들이 많다. 수많은 상황 속에서 마음을 잘 챙기지 않으면 금방 균형을 잃는 사람들이 많기 때문이다. 이제부터는 자기 시간의 주인이 되어 스스로 통제하고 관리하며 잘 다루면 좋겠다. 이유 없이 핑계만

늘어놓는 양치기 소년 같은 모습은 내려놓고, 나의 시간과 흐름을 스스로의 선택 아래서 조절하여 움직이는 사람이 되기를 바란다.

  명문대학에 진학한 수재, 영재, 천재는 시험공부할 때 책상 위에 여러 과목의 책을 동시에 올려놓지 않는다고 한다. 이는 한정된 시간을 설정하고 그 안에 제한된 상황이나 환경을 만들어 온전히 집중할 수 있는 시간을 확보하여 효과적·효율적으로 운영하려는 점이 돋보이는 사례이다. 무엇보다 높은 수준의 몰입이 요구되는 경우, 단순 성과 외에도 연계 흐름과 영향범위를 고려해 우선순위를 잘 정해야 한다. 한정된 시간 내에서 핵심적인 시간을 가려 지키고 관리하자는 뜻에서 다음의 문구를 적어 놓자. 'Keep core time!'. 시간은 공평하게 누구에게나 같은 양量을 선물하겠지만 시간의 질質은 누가 어떻게 운영하는지에 따라 큰 차이를 만든다. 생성과 소멸이 잇따르는 시간 속에 탁월한 선택을 하길 바란다. 매번 시간에 쫓기며 아슬아슬한 생활을 하지 말고 주도권을 갖고 시간의 양과 질을 찰랑찰랑하게 관리하는 당신이 되길 바란다.

  시간은 자기경영에서 매우 소중한 자원이다. 특히 시간의 양과 질의 양립성兩立性은 두말할 나위가 없다. 인간이 추구하는 성장과 발전은 결국 하루하루를 어떻게 운영하는지에 달려 있다. 하지만 해도 해도 일과 과제는 줄지 않고 늘 시간 부족에 허덕이는 한 우리는 모두 타임푸어time-poor다. 생각을 바꿔 오늘 하루, 24시간이 내가 가진 간절한 전부라고 받아들여 보자. 또한 '시간은 금이다.', '시간은 돈이다.'라는 말을 사실적으로 받아들이길 바란다. 형체가 없는 시간일지라도 실체가 있는 금덩이나 돈다발처럼 관리할 필요가 있다. 일의 매듭과 전개를 고려해 시간 흐름에 데드라인deadline을 설정하는 방식은 꽤 효과적이다. 더 갖고 싶고, 빼앗기거나 잃어버리기 싫은 것처럼 유한한 시간을 아끼고 절약해야 한다. 버려지던 시간을 살펴 낭비 요인을 관리하며 자투리[48] 시간을 잘 활용함으로써 더 이상 타임푸어처럼 '시간이 없다.', '시간이 부족하다.'와 같은 불평불만을 늘어놓지 말자. 시간을 잃어버리면서 바쁘다고 말하는 데 익숙해지지 말자!

---

### 양손잡이 자기경영(활용과 소양 편) 체크포인트 3

▶ 나는 사람들에게 '바쁘다', '정신이 없다'라는 말을 자주 하는가?

▶ 나의 하루 가운데 예상하지 못했던 시간, 불필요하게 낭비된 시간이 얼만큼인가?

▶ 나는 어떠한 상황에서도 약속을 잘 지키는 편인가?

---

**48** 어떤 기준에 미치지 못할 정도로 작다거나 남은 조각.

# 09

## 됨됨이와 인간미가 없다면
## 혼자가 된다

부끄럽지만 여태 사람 볼 줄 안다고 생각해 왔다. 그런데도 여전히 인간의 본성을 조금 아주 조금 알 듯 말 듯하다. 약간의 치장이나 분장, 위장만으로 사람이 달리 보이는 요즘, 돈을 들이거나 사람을 모아 의도하면 누구나 다 그럴싸하게 보인다. 그러니 예나 지금이나 '사람 속은 아무도 모른다.'라는 말이 괜한 말은 아닌 것 같다. 끊임없는 만남과 소통, 복잡한 인간관계 속에서 우리는 되도록 사람을 안다는 착각을 피해 인성과 내면을 잘 살펴야 한다. 의심만 하거나 뒤를 캐보라는 말이 아니다. 오히려 상대방의 다양한 언행과 태도, 평판을 통해 이미지를 견주거나 덧대어 보고 속마음, 진짜 마음을 찾아 가정하고 추정하는 방식으로 상대를 객관적으로도 파악할 줄 알아야 한다는 말이다.

모임, 학교, 직장 등 사회생활이 이루어지는 다양한 환경을 들여다보자. 똑똑하기는 한데 인간적 소양이 부족하거나 인격이 너무 형편없는 사람, 그리고 역량이 다소 미숙한 대신 태도와 인성이 참 좋은 사람이 있다고 할 때, 오랜 시간 협업이나 관계를 지속해야 한다면 당신은 어떤 사람과 중요한 일을 해 나가겠는가? 상황을 충분히 고려하지 않은 질문이지만, 다수는 인간미를 고려하여 나름 좋은 사람, 편안하고 믿음이 가는 사람을 선택할 확률이 높다. 능력 자체보다 사람됨, 즉 태도와 성품이 관계의 지속성과 협업의 성과에 더 큰 영향을 미친다는 사실을 우리는 이미 경험적으로 잘 알고 있기 때문이다.

사회관계에서 한 사람의 마음가짐과 됨됨이 만으로도 분위기는 사뭇 달라진다. 이는 개개인이 협업 과정에서 조율을 원활하게 하거나 더디게 만들 수 있기 때문이다. 프로젝트나 과업이 주어진 경우, 어느 시점에서 '그까짓 거 대충 해.', '그냥 적당히 하면 돼.', '그게 뭐라고 죽자고 덤벼서 하는 거야.'라는 말을 아무렇지 않게 하는 사람들이 있다. 대화나 이해가 필요한 상황에서도 '너무 나대지 마라.', '혼자 열심히 하면 우리가 뭐가 돼.', '젖은 낙엽처럼 바닥에 납작 붙어 있어.'라고 애초부터 사기를 꺾는 사람도 있다. 주위를 둘러보면 이런 유형의 사람이 꼭 있고 혼자 일을 다 한 것 같지만, 서투른 사고를 치거나 분위기를 흐리는 경우를 심심치 않게 볼 수 있다. 아무리 이해관계자가 많고 각자 개성과 성향이 다르다지만, 협업을 위해서는 양극단의 경우는 제외하고 그래도 어느 정도 결이나 온도 범위가 맞아야 하는 건 인지상정이다. 관계의 질과 성과는 결국 사람의

**태도와 마음가짐이 얼마나 조화를 이루느냐에 달려 있기 때문이다.**

  그저 사람은 한없이 좋은데 실효적 역량이나 센스가 받쳐 주지 못하는 상황보다야, 사람도 좋은데 일도 참 잘하는 사람이 되도록 노력해야 하는 것은 당연하다. 굳이 우선순위를 택하라면 사고가 건강하고 매사 모범을 보이는 신뢰할 수 있는 사람이어야 한다는 뜻이다. 배태胚胎[49] 된 마인드셋이나 정체성, 개인의 태도와 사고방식, 관점들은 타인 혹은 다른 조직과 매칭되어 협업, 발전, 개선으로 이어지는 원천이자 에너지가 된다. 따라서 사후에라도 이것들이 내재화된 사람의 소양과 태도는 과업에 있어 매우 중요한 요소로 작용한다.

  성공으로 가는 길 위에는 대개 방해, 반칙, 유혹, 교만과도 같은 수많은 장애물로 가득하여 마음이나 생각처럼 순탄하지 않을 때가 많다. 이때 역시 사람의 됨됨이가 바르지 않다면 쉽게 흔들리거나 왜곡되어, 성공이 아닌 잘못된 길로 접어들 수도 있다. 상대에게 신뢰를 주고 약속을 지켜내는 자신만의 기준이 없거나 취약하다면, 지금이라도 자신을 잘 점검하여 역량을 뒷받침하는 시발점始發點을 틀어야 할 것이다. **당신을 증명하는 건 결국 당신과 당신의 주변이다.**

---

**49**  어떤 현상이나 사물이 발생하거나 일어날 원인을 내면에 가짐.

▶ 척 보면 알 만큼 나는 사람을 잘 볼 줄 아는가? 그런데 정말 그런가?

▶ 사회에서 주의가 요구되거나 경계해야 하는 사람은 어떤 부류인가?

▶ 내가 보다 성장하는 데 필요한 소양과 역량에는 어떤 것들이 있는가?

# 3장

## 탐색과 역량

**나의 미래를
준비하기 위한 손**

"우물쭈물하길래
내 그럴 줄 알았다.
비로소 눈을 뜨면 사라지고 마는 것을
이제 와 뒤늦게 어찌 붙잡으려 하는가."

# 양손잡이 자기경영 가이드라인
## 제3장 탐색과 역량 편

3장은 미래에 필요한 자원의 탐색과 준비를 다각도에서 제시합니다. 변화에 능동적으로 대응하기 위해 자신의 역량과 요구사항별 적격성을 갖춤이 중요함을 강조합니다. 또한 자원과 역량을 미래 목표와 정교하게 연계하고 조율하는 영리한 사고체계의 필요성을 다룹니다. 특히 정보수집 능력, 문해력文解力[50], 정보처리 능력, 트렌드의 인지와 이해, 데이터의 활용은 더 이상 선택이 아닌 필수 역량임을 살핍니다. 지식에 머무르지 않고 '노하우'와 '노웨어' 등의 실천적 감각을 경쟁력으로 갖추고, 새로운 가치를 추구하는 태도가 결국 미래를 여는 핵심 열쇠임을 제시합니다. 다만 이러한 역량은 인간 중심의 균형 감각과 바른 태도가 함께할 때 비로소 흠결欠缺 없이 완성될 수 있음을 강조합니다.

---

**50** 글을 읽고 이해하는 능력과 이해한 바를 표현하는 능력의 합.

## 이 장을 읽을 때, 다음 질문에 주목하세요.

▶ 위기를 위험으로만 보는지, 아니면 기회 가능성으로 보는지

▶ 미래에 활용할 수 있는 자격증이나 증명서가 얼마나 있는지

▶ 내가 지닌 자원과 역량은 목적성과 방향성을 지니고 있는지

▶ 나의 일머리는 충분한 전문성을 갖추고 있는지

▶ 필요한 자료와 정보를 탐색 · 분석 · 처리하는 역량이 있는지

▶ 세상의 변화와 흐름, 트렌드와 환경을 얼마나 이해하는지

▶ 나의 지식과 경험은 타인에게 유능함으로 평가될 수준인지

▶ 내가 추구하는 가치를 지속적으로 관리 · 정비 · 업데이트 하는지

▶ 나의 미래를 전략적으로 잘 준비하고 있는지

# 01

## 상황을 전환하기 위한
## 역량이 있는가

사회환경 속에서 위험과 위기를 단순히 장애물이나 불운, 혹은 손실로만 바라보지 말자. 오히려 관점의 전환을 통해 그것을 기회로 바꾸려는 마음가짐과 대처하는 힘이 필요하다. 불안정성과 불확실성이 높지만, 중요성과 시급성 면에서 대응이 필요한 국면을 떠올려 보자. 이런 순간일수록 문제점에 접근할 수 있는 사람, 다시 말해 해결책을 제시할 수 있는 사람이 더욱 돋보이기 마련이다. 그리고 처리 과정에서 나름의 역량을 인정받아 더 많은 기회를 얻을 수 있다. 한 인간의 힘은 원만하고 순탄한 상황에서 쉽게 드러나지 않는다. 하지만 어려움과 역경을 만났을 때 무엇을 가지고 어떻게 대응하는가를 보면 그 사람의 가능성 즉, 저력底力을 볼 수 있다. 따라서 절망적인 상황에서조차 위기를 기회로 바꾸려는 마음가짐과 관점의 구축은 새로운 시작이자 전환점이 된다. 아울러 준비된 역량은 위기 해결의 실효적 열쇠이다.

'양손잡이 자기경영'의 한 손은 앞날을 준비하는 데 필요한 것이다. 작든 크든 성공하고자 작정했다면 활용, 소양, 성실, 태도, 인성, 건강 등의 인간미와 운영, 신뢰, 신용 등의 평판 관리만으로는 충분하지 않다. 단지 기본기를 갖추었을 뿐 성공을 이루는 다른 한 쪽의 요소와 하위 자원이 아직 보이지 않기 때문이다. 따라서 부실한 자기경영을 지양하려면 미래 지향적으로 학습하고 탐색하는 탐험가가 되어야 한다. 특히 이해관계자로부터 요구되는 역량, 유능, 실력, 인재, 창의, 응용 등을 준비해 갖추어 현재 가진 자원에 보태어 써야 한다. 이 과정에서 불안이나 위기를 느낄 필요는 없다. 오히려 이것은 자기 잠재력을 체계적으로 드러내고 강화하는 성장 과정이자, 미래 기회를 만드는 자원이기 때문이다.

위기危機라는 단어의 뜻에는 다가오는 위험危險과 동시에 찾아든 새로운 기회機會의 의미가 함께 담겨 있다. 난제 앞에서 문제를 그냥 두고 보는 등 미온적으로 대처하거나 부정적으로만 판단하여 회피하고 외면할 게 아니라 대안과 해결책을 모색하는 전환점을 찾아야 한다. 요즘 마땅한 고민을 하지 않는 이들이 적지 않다. 필자의 경우 고민이 있다는 걸 스스로 건강하다는 신호로 받아들인다. 각자 고민을 긍정적으로 다루는 과정에서 내면에 크고 작은 공간이 만들어지고, 발견한 틈과 다가올 기회를 포착하여 이를 적극 활용한 사람이 성장과 발전을 이룬다. 여기에 신속하고 정확한 진단과 분석, 창의적 문제 접근, 리더십, 실행력, 심리적 회복탄력성은 문제해결의 가능성을 높이는 근간이다.

기강과 체계가 확고한 유명 레스토랑에서 셰프chef가 되는 몇 가지 경로가 있다. 그중 하나는 기존 셰프의 갑작스러운 일로 공백이 발생했을 때, 오랜 기간 조리 보조나 지원을 수행해 온 스텝이 그 자리에서 역할을 완벽하게 대신하며 능력을 증명하는 경우다. 그야말로 레스토랑과 주방이 직면한 위기를 기회로 활용하여, 그동안 주목받지 못했던 준비된 역량과 가치를 검증한 사례다. 그러면 누구나 위험을 기회로 바꿀 수 있는 것일까? 그럴 수도 있겠지만 대체로 그렇지 못하다. 프로가 아닌 아마추어라면 더욱 그럴 거다. 위험을 기회로 전환하기 위해서는 먼저, 꾸준한 자기 계발을 통해 새로운 변화에 유연하게 적응할 수 있어야 한다. 그리고 다양한 분야의 지식과 경험을 융합하여 창의적인 해결책을 찾을 수 있어야 한다. 또한 자료, 정보, 자본 등 도움을 주고받을 수 있는 연결과 명확한 경로, 접점을 확보해야 한다. 비상 혹은 위기 상황을 가정한 시나리오 훈련, 대응 시뮬레이션의 구비도 요구된다. 마지막으로 자신의 보유 자원과 수준을 제대로 알고, 강점을 전략적으로 활용하고, 활동 분야와 관심 영역에서 긍정적인 평판을 기반으로 한 신뢰와 인정을 받을 수 있어야 한다.

하나의 핵심 역량, 즉 코어를 만들기 위해 드는 각고의 노력과 철저한 준비에도 불구하고, 현실에선 예상보다 난제들이 많다. 따라서 파이팅fighting 소리만 난무하는 의욕이나, 딸리는 실력의 조합은 개인과 조직을 위험하게 한다. 조금 더 의연하게 기회를 탐색하고 대비해야 한다. 남의 일에 강 건너 불구경하듯 이러쿵저러쿵, 멀찍이 앉아 작대기기로 이래라저래라 할 수도 있지만, 그 위기 상황에 자신을 놓고 상상해 보자. 당신은 그 상황에서 어떤 모습일까? 위기 때 발휘되는 행동과 판단, 실행력은 현재 수준을 객관적으로 드러내며, 동시에 자신의 한계와 가능성을 냉정하게 평가해 볼 수 있는 기회가 된다. **준비된 사람에게 위기는 성장하는 계기가 되지만, 그렇지 못한 사람에게는 자신의 부족함이 그대로 드러나는 시험대가 된다.**

토너먼트나 서바이벌 형식의 경연에서 경우의 수를 따질 필요도, 이해관계자의 이견도 없는 압도적 승리 즉, 한판승이나 KO승은 행운이 따라도 역량이 뒷받침되지 않는다면 쉽게 쥘 수 없는 결과다. 그건 다양한 상황에 대비하여 실제처럼 준비하고 무서운 집중으로 반복 숙련한 결과인 것이다. 결정적 순간이 다가올수록 자신이 기회를 살릴 준비가 되어 있는지 아닌지 비로소 알게 될 것이다. 만약 지금 여기서 하나를 더 한다면 그것은 무엇일까? **'One more!', 해온 것에 필요한 하나를 더하고 불필요한 하나를 덜어내자.** 그렇게 역량을 키워 기회를 만들고 전환을 이루자. 그리고 그 결과를 버려짐 없이 다음 개선과 진화에 재사용·재활용하자. 지금부터 운을 부르는 역량을 갖추고 터닝 포인트turning point[51]와 티핑 포인트tipping point[52]와 같이 바람직한 방향으로 상황을 바꿀 수 있는 게임 체인저가 되길 바란다. 결과가 달라질 것이다.

---

### 양손잡이 자기경영(탐색과 역량 편) 체크포인트 3

▶ 문제 초기에 나는 정답을 찾으려 하는가? 문제점에 접근하려 하는가?

▶ 나는 다양한 상황을 기회로 전환하는 것에 프로인가? 아마추어인가?

▶ 나는 이후 찾아올 결정적 순간을 준비 중인가?

---

51 어떤 상황이 다른 방향이나 상태로 바뀌게 되는 계기나 시점.
52 작은 변화들이 기간을 두고 쌓여, 이제 작은 변화가 하나만 더 일어나도 갑자기 큰 영향을 초래할 수 있는 상태가 된 단계.

## 02

### 증명서만으로
### 실력을 다 알 수는 없다

　경쟁 사회일수록 한 개인은 다른 이들과 더욱 공존해야 한다. 공동의 목표를 도모하는 과정엔 누군가의 평가를 받아야 하는 순간도 있기 마련이다. 하다못해 아이가 다닐 학원을 알아볼 때, 여가생활을 위해 관심 분야의 활동 커뮤니티를 찾아 가입을 고려할 때, 진학, 취직, 승진, 창업이나 대출, 보증 등의 지원사업을 신청할 때, 인력 풀pool에 들어갈 때, 남들 앞에 서는 일을 하거나 선거 출마를 할 때도 마찬가지다. HRhuman resources 또는 리쿠르팅recruiting 서비스 기업이나 헤드헌터들은 지원자의 전 직장이나 이전 동료의 평판을 점검하기도 한다. 더 나아가 개인의 관심사나 페르소나, 사상 등을 엿볼 수 있는 소셜 활동 계정까지 공개해야 하는 경우가 생겨나고 있다.

　**개인의 가치를 실현하거나 뜻한 바를 이루기 위해 외연外延을 확장하고 사회와의 접점을 통한 연계성을 갖추자.** 이때 턱을 넘어 만나는 여러 기회 앞에서, 대체로 들어서는 문의 손잡이가 내 쪽이 아닌 상대 쪽에 있음을 알게 된다. 상대가 단번에 한 개인의 능력과 실력을 알아보면 더없이 좋겠지만 이는 결코 쉬운 일이 아니다. 결국 문을 여는 손잡이나 스위치가 내 쪽에 위치하도록 하려면 문을 두드릴 용기와 나를 표현하고 설득할 수 있는 근거 또는 누군가의 추천, 보증, 내부의 사전 승인이 필요할 수도 있다. 무작정 초인종을 누르거나 노크 이후 문이 열렸다가 닫히기 전에 재빨리 발을 들이미는 방식은 이제 더 이상 유효하지 않다. '이번에는 열심히 잘해 보자.', '뭐 어떻게 잘 되겠지.'와 같은 단순한 패기와 배짱은 그만 내려놓고, 이해관계자와 시대 흐름에 맞는 자격, 능력, 학력, 경력, 경험 등 역량을 잘 쌓아 입체적으로 연결하자.

소문난 잔치를 두고, 그런 잔치가 있는지도 몰랐던 사람, 가고 싶었지만 초대받지 못한 사람은 관심과 기대만큼 서글플 수밖에 없다. 게다가 나보다 약은 사람이나 못난 사람이 그 안에서 웃고 즐기는 모습을 보는 것만으로 괜히 속상할 수도 있다. 필요한 것이 있다면, 그것을 탐색하여 대안을 준비하고 스스로가 그 테이블에 앉을 만한 적격성이 있음을 확연히 증명해야 한다. 예를 들어 대한민국에서 합법적으로 자동차 운전을 하려면 필요한 요건이 있다. 교육, 신체검사, 학과 시험, 기능시험, 도로 주행 시험을 거쳐 운전면허를 취득해야 하고 해당 면허증이 유효해야 한다. 여기에도 종별 구분에 따라 운전이 가능한 차량이 나누어진다. 운전면허만으로는 운전을 잘하는지 못하는지 제대로 알 수 없는 일이지만 적격성을 평가하기 위한 기본적인 증빙 수단이 되는 건 사실이다. 누군가의 면허증은 신분증 대체로만 사용되고 또 누군가의 것은 운수업 등의 영업 용도로, 혹자는 카레이서로써 활용할 것이다. 면허증은 있지만차가 없는 사람도 있고, 차가 있어도 흐름을 읽지 못하는 초보 운전자가 있으며 도로교통의 흐름을 망치는 사람, 역주행하는 사람, 사고 유발자도 있다. 가성비, 가심비, 하차감 등 개성과 관점, 경제력이나 여유도에 따라 타는 차도 제각각일 것이다.

현재까지의 모든 자원을 모아 역량을 만들고 미래를 준비해야 하는데 단순히 표면적인 간판이나 자리에 연연해 가진 역량이 가려져묻히거나, 덮이지 않도록 해야 한다. 활용과 탐색의 선순환을 통해자신과 환경에 대한 이해에서 시작해 개선에 이르는 시스템을 체계적으로 만들어야 한다. 앞에 놓인 기회의 문을 두드리고 젖혀감으로써 자신의 역량을 가치 있게 사용하자. 필자는 자격사를 포함하여 국가전문자격, 국가기술자격, 국가공인자격, 국제자격 등의 자격증 외에도 등록증, 면허증, 수료증을 다수 취득하였다. 이는 고3현장실습 때를 시작으로 아르바이트를 구할 때, 구직활동을 하거나스카우트 제안을 받을 때, 그때마다 알차게 사용되었으며 전문가풀에서 활동하는 지금도 매우 유의미하게 쓰이고 있다. 그리고 여전히 잠재적 이해관계자들이 나의 관여도關與度[53]와 역량을 직관적으로 볼 수 있는 도구들을 탐색 중이다.

당신도 탐색을 통해 관심이 가는 학력, 경력, 자격, 능력 등이 보이기 시작하고, 그것들의 활용 가치가 커지고 있다면 다시 한번 생각해 보자. '그것은 왜 필요한지.', '무엇을 어떻게 할 것인지.', '무슨 이익과 혜택이 있을지.' 반드시 검토하고 구상하자. 한 장의 증빙자료는 한 인간의 완결성을 보이는 것이 아니다. 인생에서 새로운 시작을 위한 준비가 되었다는 표시, 시간과 비용, 에너지를 들여 힘들게 마련한 입장권일 뿐이다. 남에게 보이는 형식이나 수량보다는 기대 품질과 활용 가치 즉 실효성, 연계성, 확장성을 두루 고려하여 관리할 필요가 있다. 자신의 자격·능력에 대한 구체적인 이미지맵을 그려보자. 잘 쌓고 생명력을 불어넣자.

---

### 양손잡이 자기경영(탐색과 역량 편) 체크포인트 3

▶ 나는 활동하고자 하는 분야에 적격한 요건을 갖추고 있는가?

▶ 앞으로 갖추어야 하는 학력, 경력, 자격, 능력은 무엇인가?

▶ 내가 추구하는 일에 어떠한 이익과 혜택이 기대되는가?

---

53  특정 상황에서, 유발되어 지각된 개인적인 관심도의 수준.

# 03

## 자원과 역량은
## 목표를 겨냥하고 있는가

　누구에게든 어려운 시기가 불현듯 찾아올 수 있다. 하지만, 시들지 않는 꿈과 애착하는 목표가 있다면 지남철指南鐵[54] 처럼 어떤 떨림에도 자신의 의지가 과녁을 겨냥할 거다. 애쓰는 과정에서 지금에 안주하기보다 변화와 전환을 통해 성공과 행복을 찾아 나서야 한다. 특히 간절히 꿈꾸던 바람이 실현될 수 있도록 중심을 잡은 채 밀고 당기며 목표를 향해 매진해야 한다.

　도약跳躍은 나를 넘어 내 존재 위상을 목표에 가까이 띄우는 의지적 힘이다. 성공자는 위기까지 기회로 여기며 틀에 묶였던 자신을 풀어 재창조한다. 쉼도 없이 변화하는 환경, 어제의 나에게서 성큼 벗어난 기술, 새로운 자료와 정보의 홍수 속을 우린 살아간다. 따라서 증빙이 가능한 자격요건을 갖추거나 차별화된 능력, 독점적인

---

**54** 늘 남쪽과 북쪽을 가리키는 자성(磁性)을 진 물체.

역량을 갖춘 것만이 능사가 아니다. 지금까지 그러해 왔듯 **진화하는 세상에 끌려다니지 않을 도약이 곳곳에서 필요하다.**

두려움이나 부끄러움에 피하지 말자. 오히려 우리 사회의 지긋지긋한 끈, 색깔, 진영, 권위, 허들, 함정, 반칙, 벽, 문으로부터 부딪혀 튕겨버린 반동까지 스스로 일으키는 에너지로 삼자. 넘어져도 오뚝이처럼 자신을 일으키는 뚝심이 필요하다. 다시 서서 훌훌 털어내고 늘 느끼던 충격을 딛고 스프링처럼 껑충 올라야 한다. **확실한 것을 골라 기다리기보다는 확신을 갖고 내가 가진 자원과 역량에 집중해야 한다.** 그러면서 나의 탄성계수를 믿어 내야 한다.

누구나 인생을 살아가며 잠시 맥없이 늘어지거나 쪼그라들어 작아질 때가 생각보다 많은데, 이를 뭐라 나무랄 사람은 없다. 하지만 주저앉거나 넘어져 한참을 머무르다 조급한 마음에 준비되지 않은 자신을 들어 올리면 도약을 위해 디딜 구름판의 위치를 잘못 잡을 수 있다. **도전의 과정에서 자신의 도약은 누가 대신 해 줄 수 없다.** 따라서 자신의 능력치를 잘 이해하고 공간을 확보해 적기適期, 적재적소適材適所에 힘이 쓰이도록 다양한 자원을 활용해야 한다. 아울러 새로운 기회를 찾는 탐험과 탐색의 여정을 통해 경험하고, 학습된 부작용과 반작용을 디뎌내 중심과 방향을 잡아야 한다. 자신이 내달리는 경로에서 적합한 시점에 발을 굴러야 하는데, 오르막에서는 더 큰 추진력과 함께 밀림에 대비한 굄목이 필요할 수도 있고, 내리막길에서는 삶의 무게만큼 세밀한 제동력이 필요할 수 있다. 그런데 이를 따지고 보면 **인생 여정이라는 큰 지도에서는 그저 같은 경사로일 뿐 오르막이 내리막이고, 내리막이 오르막이기도 하다.**

주위엔 도약에 대한 엄두는커녕 '뭐 어찌어찌 되겠지.', '그런다고 뭐가 달라지겠어?', '그렇게까지 애쓴다고 누가 알겠어?'라고 시도와 경험 없는 핀잔과 푸념을 늘어놓는 이들이 많다. 안타까울 뿐이다. 작은 병아리도 상자 안에 놓이면 제약에서 벗어나기 위해 수없이 도약하고, 이제 막 젖 뗀 강아지도 목줄을 답답해하는데 말이다. 목표가 있다면, 나에게도 꿈틀대는 힘이 있는가 생각해 보자. 그 작은 진동과 자신을 아끼는 조금의 고민만으로도 다시 시작할 수 있다.

정돈된 자원과 역량을 챙겨 다시 서자. 세태를 폼나게 넘어서야 할 때가 오고 있으니 말이다. 하고 싶은 일, 필요한 일을 탐색하며 튼실한 역량을 갖추자. **무딘 칼로는 어디든 나설 수 없다.** 때를 기다리며 날을 쥐고 갈지만 기막힌 타이밍에서 자루를 쥐고 상황을 주도할 수 있을 거다. 어쩌면 그 칼을 뽑지 않고 말이다.

## 양손잡이 자기경영(탐색과 역량 편) 체크포인트 3

▶ 나에게는 넘어져도 다시 일어날 수 있는 용기, 열성, 신념이 있는가?

▶ 나의 자원과 역량은 목표를 정조준하며 정렬하는가?

▶ 나는 인생 여정에서 무엇을 더 탐험하고 탐색할 것인가?

# 04

---

# 센스 있고 스마트한
# 일머리가 있는가

어떤 조직이나 기업 또는 사회에서 유능함에 대해 인정받는 사람은 일 근육을 갖추고 있다. 단순히 부지런하거나 열심히만 하는 것이 아니라 문제에 대한 이해를 바탕으로 개선을 지향하는 사람이 바로 그들이다. 개선에 도움이 되는 일머리가 있다면 스마트한 인재로 평가받는다. 이들은 문제에 접근하여 해법을 모색하고 실행에 옮겨 기대 성과를 뽑아내는 능력을 갖추고 있다. 더 나아가 시작과 과정, 끝에 이르며 작용한 한계점, 남은 과제와 파악된 시사점에 대해 되짚을 줄 안다.

일머리는 타고나는 것이라기보다는 후천적 교육과 훈련을 통해 길러지는 실용 역량이다. 일머리는 배정된 일을 그저 수행하는 데에 그치지 않고, 기간 내 빠르고 정확하게, 창의적 사고로 일하는 능력을 의미한다. 일머리가 있는 사람은 문제라는 현상에서 탐색을 통해 진짜 문제, 즉 원인이 되는 문제점에 대한 최적의 솔루션에 접근

한다. 그 과정에서 요구사항, 제약요인을 해석하고 자원과 역량 등을 파악해 일의 순서를 정하거나 협업할 줄 알며, 위험을 식별하고 리스크를 관리한다. 나아가 아쉬운 점에 대한 반성이나 소견을 포함해 첨언添言하거나 피드백한다. 지능이나 지식 외에도 합리적 일처리와 센스 있는 일머리가 필요하다. 스마트함은 시대적 요구 같기도 하다.

일머리가 있는 사람은 대상과 상황, 문제의 본질을 파악하여 한 줄로 정리하거나, 이해관계자에게 임팩트 있는 한마디로 표현할 줄 안다. 그리고 일련의 과정에 관여하는 기획 주체가 되어 우선순위를 정하고 부단히 대안과 해답을 찾아 나서는 모습을 보인다. 이때 기계적인 노동의 투입보다는 과업에 대한 이해를 바탕으로 성과 창출자로서의 이미지가 만들어진다. 그들은 그렇지 않은 사람 대비 참신한 결과물을 똑같은 조건에서 만들기 때문이다. 또한 위기나 불확실, 불안정 변수에 휩싸이거나 휘둘릴 수 있는 상황에서도 침착한 대응을 보여 주변의 신임을 받는다. 따라서 자연스럽게 중요한 프로젝트 또는 공동사업에 초대되거나 스스로 다양한 협업 기회를 만든다.

손이 닿지 않을 만큼 높은 과수果樹 앞에 서 있다. 나무 꼭대기에 달린 석류 하나를 따기 위해 과연 몇 명의 사람이 필요할까? 이 질문에 누군가는 목말을 태우기 위해 두 명의 사람이 필요하다고 하고, 인간 탑 쌓기를 구상하다가 다섯 명이라고 답하는 사람도 있을 것이다. 하지만 어떤 이는 고민 끝에 멘토를 찾고 그 의견을 참고하여 사다리 하나를 빌려 혼자 과일을 따는 것이 가능하다는 답을 내는 사람도 있을 것이다.

또 하나의 예를 들어보자. 큰 접시 위, 주먹이 들어갈 만한 컵 안에 탐스러운 오렌지 한 알이 들어 있다. 손을 이용해서 가라앉은 오렌지를 꺼내야 하는데, 그 컵에는 물이 80% 이상 차 있다. 어떻게 하면 물을 컵 밖으로 흘리지 않고 꺼낼 수 있을까? 수많은 사람들이 제각각 다양한 시도로 꺼내보려 하지만 물이 넘치는 바람에 모두 실패하고 만다. 하지만 한 사람은 물 한 방울 흘리지 않고 오렌지를 꺼냈다. 성공한 비결이 무엇이었을까? 친구와 생각을 거듭하다 손가락 하나로 물 위에 소용돌이를 만들었고 바닥을 차고 수면 위로 떠오르는 오렌지를 간단히 들어 올리면 되는 것이었다. 누가 맞고 누가 틀렸는지의 문제가 아니다. 일머리가 있는 사람은 자신과 주변의 자원을 소통과 협업으로 연결 지을 수 있다. 지속적인 성장과 발전을 위한 탐험에 있어 일머리는 곧 경쟁력이다.

**일머리가 있는 사람은 일을 하는 동안 긴박감을 조성하여 항상 빠른 속도를 유지한다.** 이는 협업할 때도 마찬가지다. 일을 나누는 것에서도 분배와 결합, 시간의 선·후성, 사안의 경중을 따질 줄 안다. 또한 일의 가치에 초점을 맞추며 정성적·정량적 기대 성과를 위해 선택과 집중을 관리하며 현명하게 일한다. 효과성과 효율성을 고려해 비슷한 성격의 활동들을 모아 동시에 처리하거나 그렇지 않은 일들을 적절히 위임하고 불필요하게 나누어진 여러 단계를 다시 하나의 작업으로 통합하기도 한다. 일의 범위 전·후단은 물론 향후의 과제를 비롯해 연계성과 확장성을 추정하기도 한다. 그리고 개선을 위한 시사점을 남긴다.

조직이나 기업에서 사회생활을 할 때 일머리가 없는 선배나 선임, 상사를 만나는 것만큼 불운한 일도 없다. **일을 했으면 성과를 내야 하고 공동의 목표에 부합된 결과물을 생성해야 하는 까닭에 일의 시작과 과정 그리고 그 끝 모두에 관여되는 일머리는 거듭 강조해도 지나치지 않다.** 우선 일머리를 갖춘 사람인지 아닌지 자신을 점검하자. 알아주는 영재 또는 브레인이 아니더라도 나름 스마트한 사람인지, 맡은 일에 있어 프로인지 생각해 보자. 그리고 주변의 평가를 반영하여 다시 생각해 보자.

---

**양손잡이 자기경영(탐색과 역량 편) 체크포인트 3**

▶ 나의 일머리는 누구나 인정하는 수준인가?

▶ 나는 일의 우선순위를 어떠한 방식으로 결정하는가?

▶ 나는 공동의 목표와 가치를 위해 소통하고 협업을 할 줄 아는가?

---

# 05

## 문해력과 정보처리
## 능력을 잘 챙기자

세상은 온갖 데이터로 가득 차 있지만 정작 필요한 정보는 늘 부족하고 타당성과 신뢰성이 의심되는 저질 자료는 넘친다. **정보의 과잉 속에서 수많은 의사결정을 지원하는 진짜 자료, 진짜 정보는 희귀하다.** 우연히 습득한 것이거나 누군가로부터 제공받은 것, 나름의 탐구를 통해 얻은 무엇이든 취득한 자료를 해석하고 의미화하거나 제때 쓸모 있는 정보로 가공하는 능력이 중요하다. 특히 작은 단서에서 시작하여 각 단계의 과정을 거쳐 실효적 의의의 추구와 활용 방안을 구상함이 요구된다.

**문제를 분석하여 유의미한 시사점을 논리적으로 정리하고 표현함이 문해력의 핵심이다.** 말하기와 글쓰기, 다양한 시각화를 통해 생각과 가치를 표현하고, 핵심 메시지를 손상·손실 없이 전달하는 능력은 이해관계자의 관여도와 영감을 끌어내는 데 탁월한 효과를 낸다. 소통의 다양한 도구와 기법을 활용해 자기 생각을 간단명료하게 표현할 줄 아는 사람은 설득할 준비를 마친 것이다. 이는 상대방을 고려할 줄 안다는 의미이며 소통과 공감의 범위를 넓힌다. 문해력을 갖추었다면 이해관계자의 요구사항이나 관점을 고려해 자신의 의견이나 주장이 설명에 그치지 않고 설득력을 갖춰 상대의 납득을 통해 관철될 수 있다. 검증된 자료와 정보를 들고 다가가 설명하는 힘, 이해를 도우며 설득하는 힘, 자신의 통찰을 통해 상대가 납득할 수 있도록 의사결정을 지원하는 힘. 마지막으로 어프로치 approach를 살려 관리하고 적시에 제대로 클로징 closing 하는 능력은 유능함을 완성하는 마지막 퍼즐과 같다.

다양한 자료와 정보 원천을 재구성하고 표현하고자 할 때, 타당성과 신뢰수준의 향상에 방향을 두어야 한다. 문해력의 핵심은 소통의 양방향성과 이해관계 양자의 합일성合一性이다. 공고문이나 보고서 등 하나의 문서화가 된 정보를 놓고도 사람들의 이해와 소견은 사뭇 다양하다. 중요한 것과 중요하지 않은 것, 배경과 형상을 혼동함이 잦아, 엉뚱한 상상이나 추측으로 소설 같은 해석을 던지는 경우도 흔하다. 또한 작성 의도나 취지와는 너무 먼 해석들이 많다. 말을 듣고 글을 읽어 내용과 맥락을 정확하게 이해하는 능력은 문제 접근과 해결 과정의 첫 단추로 전략적 사고를 지원한다. 전략적 사고, 시스템적 사고는 전체적으로 많은 시간과 비용을 절약한다. 특히 제대로 된 이해를 통해 복잡하고 어려운 내용을 말과 글로 쉽게 표현하고 전달하는 능력은 원활한 의사소통과 상호작용을 촉진

**한다.** 즉 환경과 상황, 배경과 형상, 스토리를 이해하고 기획과 계획을 통해 전개하는 힘은 경쟁력이 있다.

이해력과 표현력을 개발하기 위해서는 경험은 물론 다양한 연습이 필요하다. 사고와 관점을 중심으로 읽고 쓰는 연습, 비교하고 분석하는 연습, 한 페이지 혹은 한 문장으로 요약하거나 한 장의 그림이나 표로 정리하는 연습이 여기에 해당한다. 이러한 연습을 통해 어휘력과 공감 능력이 만들어지고 명확한 논리를 바탕에 둔 설득의 힘까지 좋아진다. 또한 이해관계자들의 다양한 주장과 의견, 의도를 잘 관찰할 필요가 있다. 이를 위해 여러 사례연구와 벤치마킹은 물론 점검과 피드백을 통해 선택적 강화, 보완, 제거를 거듭하며 조정과 변화를 거쳐 개선하는 계기를 지속적으로 마련하자.

문해력은 한자 뜻 그대로 글을 읽고 내용을 이해하는 능력이지만 지금은 이해하는 수준을 넘어 분석, 해석, 응용하는 과정을 내포한다. 글을 읽고 쓸 줄 아는 능력에서 나아가 말하고 표현하는 능력까지 포함하는 소양으로 그 범위와 기대가 커져 있다. 학교, 직장은 물론 정부, 부처, 지자체, 각 기관에 이르기까지 심지어 온라인상에서도 문해력은 이제 떼려야 뗄 수 없는 역량이다. 또한 다양한 영역에서 리터러시 literacy[55]가 융합되면서 현대 사회의 필수 요소로 자리 잡았

---

55  문자로 된 기록이나 자료를 읽고, 담긴 정보를 이해하는 능력.

다. 즉 디지털 리터러시, 데이터 리터러시, 미디어 리터러시, AI 리터러시, 행정 리터러시와 같은 용어들이 생겨났다.

자료와 정보의 공유와 교환, 그 중심축을 담당하는 언어, 소통, 문화는 문해력을 구성하면서 시대적 요구와 맞물려 사용자의 변화를 자극한다. 그야말로 스마트 시대, 디지털 전환 시대 등 변혁의 시대를 맞이했다. 인공지능, 네트워크, 빅데이터 기반의 다양한 도구가 쏟아져 나오고 있지만, 그러면 그럴수록 문해력과 차별화된 소양의 가치는 날로 중요해진다.

---

### 양손잡이 자기경영(탐색과 역량 편) 체크포인트 3

▶ 평소 많이 읽고, 많이 쓰고, 제대로 표현할 줄 아는가?

▶ 나의 논리와 설득은 상대방의 마음을 움직이게 하는가?

▶ 읽지 않고 쓰지 않는 디지털 시대에 문해력이 강조되는 이유는 무엇일까?

# 06

## 트렌드와 데이터를
## 알아야 길이 보인다

현시점에서 다루어야 하는 현안懸案이나 현상 등의 '발생형發生形 문제'와 개인이나 조직의 목표 또는 상황에 따라 미래 어느 지점에서 마주하게 될 '설정형設定形 문제'가 있다고 가정하자. 이들의 공통점은 목표 대비 기대 성과와 결과가 일치하거나 불일치할 수 있다는 점이다. 만약 일치하면 별문제가 없겠지만 기대와 성과 간 불일치가 미달이나 과잉으로도 나타날 수 있으므로 문제 접근과 해결 시 이에 대한 분석과 검토가 추가로 필요하다.

말처럼 쉽지 않지만 '변화'와 '전환'이 '개선'이라는 가치를 담아내기 위해선 간격과 차이를 인식하는 것부터 시작한다. 그뿐만 아니라 문제의 해답과 대안을 탐험하고 탐색하는 중요하고 유의미한 과정을 거쳐야 한다. 자율주행차량이나 드론이라는 자원이 당신이 잠을 자는 밤새 여기저기를 누비며 수익을 올리는 것처럼 세상은 어김없이 치밀하게 돌아가고 있다. 가만히 멈추어 숨만 쉬는 사이, 어제와 전혀 다른 세상이 만들어지고 있다. 따라서 개인이나 조직은 근시안近視眼[56]적 관점에서 벗어나기 위해 늘 애써야 한다. 시장의 변화와 추세, 기술의 동향, 대중의 관심사와 흐름, 이해관계자의 지각된 기대와 요구수준 변화 등을 앞서 헤아리고 이해하며 본질을 미리 파악할 수 있다면 앞으로 기회를 선점하거나 참신한 가치를 만들어 경쟁력을 높일 수 있다.

**시대정신이나 세상의 흐름을 읽는 지혜, 혜안도 없이 짜인 전략은 무의미하다.** 자료와 정보의 분석과 시사점을 찾아내는 눈이 필요한 것이다. 빠르게 변모 중인 사회환경에서 과거의 성공 방식이 항상 유효한 것도 아니기 때문에, 늘 열린사고로 다양한 분야의 새로운 흐름을 이해할 필요가 있다. 시대에 맞는 트렌드를 분석하고 그 흐름의 인사이트를 파악하여 개선점으로 연결해야 한다. 가진 것이 조금 있거나, 조금 안다는 착각 속에 빠져 교만해지면 큰일이다. 문제를 향한 무뎌짐, 변화 속 도태 없이 콘셉트concept와 콘텐츠contents를 잘 관리해 성장과 발전의 기회로 삼아야 한다. 특히 정치, 경제, 사회, 문화, 기술, 법규 등 여러 분야 다양한 이슈를 접하며 안팎으로 각각의 움직임과 맞물리고 어긋나는 것들의 전체적 흐름까지 파악해야 한다. 동시에 트렌드와 관련된 리뷰, 리포트 등의 정보 원천을 확인, 정리하고 각자의 목표에 대어 보는 습관도 곁들이자.

---

**56** 눈앞의 일에만 사로잡혀 있어 먼 앞날을 일들을 짐작하지 못함.

전문가를 지향할수록 책이나 논문, 기사의 헤드라인 읽기 정도에 그쳐서는 안 된다. 트렌드를 짚고, 나아가 객관적인 데이터의 논리적 구조화를 통해 일련의 사회 흐름을 자기 역량 안에 끌어와야 한다. 이때 다양한 경로와 여러 관계망을 적극 활용해야 하는데 특히 사람들과의 접점이 중요하다. 현행 정보를 얻거나 서로의 관점을 공유할 수 있기 때문이다. 해석력과 통찰력을 키워 실무에 적용해 보는 과정은 트렌드를 창시하고 이끄는 힘까지 마련시킬 것이다.

만약 트렌드 분석에 어려움이 있다면 다양한 국내외 석학이나 전문가의 의견이 담긴 요약자료들을 참고해 볼 수도 있다. 어제와 다른 부분이나, 익숙하지 않음에 불안해하거나 불편해하지 않길 바란다. 손에 잡히지 않는 변화를 두고 보기만 하지 않고, 새로운 흐름이나 대세를 유연하게 받아들여 선택적으로 빠르게 올라타 적응하고 활용할 수 있어야 한다. 계절이 바뀌듯 트렌드는 머물다 커지기도 작아지기도 하고, 유행을 만들거나 사람의 문화를 형성하기도 한다. 유행은 한참을 두고 다시 찾아오기도 하는데 분명한 것은 트렌드가 우리 삶을 관통한다는 것이다.

지금의 트렌드조차 헤아리지 못하고 머뭇거리는 상황에서 이다음 순의 다른 트렌드는 너울처럼 당신 앞으로 몰려올 것이다. 그래서 트렌드는 당신에게 무의미나, 위기, 기회가 된다.

## 양손잡이 자기경영(탐색과 역량 편) 체크포인트 3

▶ 나는 변화와 혁신을 탐험하듯 유연하게 받아들이고 있는가?

▶ 나는 사회문화와 트렌드를 잘 이해하고 응용하는가?

▶ 나는 최근의 트렌드 흐름에 대한 이유를 설명할 수 있는가?

## 07

# 유능함은
# 노하우와 노웨어에서 나온다

오래된 얘기지만 1986년 서울 아시안게임, 1988년 서울 올림픽 전후만 해도 그저 착하고 성실하면 조직과 기업에서 유능한 인재로 보았다. 또 세계는 고난과 역경을 이겨내는 한국인의 헝그리 정신을 높게 보았다. 하지만 이후 2002년 한국 · 일본 월드컵 이후로 상황은 사뭇 변했다. **현대 사회는 체력과 정신력, 소통과 공감 능력을 바탕으로 한 가지가 아닌 여러 방면에서 능통한 멀티플레이어를 요구한다.** 심지어 최근 세계로 뻗어가는 K컬처의 영향으로 외모와 인성, 스타일, 선행 등 매력적인 요소까지 추가로 요구되고 있다. 말 그대로 다재다능한 팔방미인이 스포트라이트spotlight를 받는다.

과거의 오랜 과정을 통해 배운 다양한 지식이 쓸모없어지는 요즘, 유능한 사람이 되려면 무엇이 필요할까? 우선 단순 지식이나 단편적 경험에 그치지 않고 이론과 실무가 융합된 노하우knowhow가 있다. 그리고 적합한 자원과 자료, 정보를 탐색하여 적절히 활용하는 능력인 노웨어know where를 꼽을 수 있다. 불확실성과 불안정성에 올라타 빠르게 변화하는 환경에서 생존력과 경쟁력을 동시에 갖추기 위해서는 노하우와 노웨어의 균형 있는 역량 관리와 개발이 절실하다. 이론·지식의 운영만 가능하고 실무·경험의 응용이 부실하다면 실전에서 미숙할 수밖에 없고, 기대효과와 효율이 떨어진다. 노하우가 있더라도 노웨어가 없다면 기회를 잃거나 놓칠 수 있다. 요즘 같은 시대에 검색과 선별, 선택 등 의사결정 과정에서 실기失期[57] 는 예상치 못한 문제로 이어져 크고 작은 위기를 자초하기도 한다. 결국 노하우와 노웨어 어느 하나가 부실하다면 유능하다고 할 수 없다.

이론과 지식은 바른 사고력의 근간이자 기반을 이루며 문제해결의 열쇠가 된다. 따라서 독서, 학습, 연구 등을 통해 꾸준히 새로운 자료와 정보를 습득함이 필요하다. 단순한 암기가 아니라 지식을 활용하고 응용하는 역량이 중요하므로 써먹을 수 있는 지식, 연계성, 확장성이 있는 자격·능력을 갖출 필요가 있다. 개인 선의의 경쟁력을 확보하고 생존과 지속 가능한 성장과 발전을 이루는 원천은 무엇일까? 그것은 바로 지식知識이다. 지식은 크게 두 가지로 구분 지을 수 있다. 첫째, 말과 글로 전달할 수 있는 지식인 형식지形式知이다. 일반적인 교육이나 강좌를 통해 얻을 수 있는 지식으로 이

---

**57** 기회를 잃거나 놓침.

는 공식적이고 체계적인 특징을 갖는다. 둘째, 말과 글로써 좀처럼 표현하기 힘든 지식인 암묵지暗默知이다. 이는 한 개인의 블랙박스 black box와 같은데, 현장에서 특별한 실력이나 큰 힘을 발휘하면서도 좀처럼 겉으로 그 실체를 드러내지 않는 특징이 있기 때문이다. 명확하게 표현하기는 어렵지만 어떤 대상이나 분야, 상황별 노하우를 갖고 있는 경우다.

암묵지는 경험과도 맞닿아 있는데 경험은 이론과 지식을 현장과 상황에 적용하는 과정에서 축적된다. 직간접의 성공과 실패, 도전과 준비를 통한 다양한 경험은 문제해결 능력을 높이고 복잡하고 까다로운 상황에서도 유연한 대처가 가능하게 한다. '고생은 사서도 한다.'라는 옛말처럼 경험은 활용도와 실용가치가 매우 높다. 노하우는 특정 문제와 문제점에 접근하여 해답을 구하고 해결 과정에 필요한 기획과 전략을 보태는 데에 효과적이다. 실질적인 방법과 기술을 제시하며 실행을 도울 뿐만 아니라 훈습을 거쳐 새로운 노하우로 진화하는 성질도 있다. 반면 노웨어는 자원을 검색하고 탐색하여 활용하는 능력이다. 누구나 완벽을 추구하지만, 전지전능한 사람이나 만능인이 없듯 모든 것을 혼자 앉아 알 수 없고 해결할 수도 없다. 시간이 무한하다면야 도서관과 인터넷, 어디서든 필요한 자료와 정보를 언젠가 일부라도 찾아낼 수 있겠지만 안타깝게도 시간은 유한하고, 우린 매사 유효 기간을 가지고 움직일 뿐이다. 따라서 새로운 자료와 정보, 기회를 어디서 어떻게 찾을지, 누구를 통해야 하는지 아는 것이 매우 중요하다. 이는 곧 경쟁력으로 이어지기 때문이다. 형식지와 암묵지 자체로는 부족하다. 지식, 경험, 지혜, 혜안이 어우러져야 비로소 실효적 노하우와 노웨어를 갖추었다고 말할 수 있다.

가만히 앉아서 청중聽衆의 자세로 배우지 않길 바란다. 일방적으로 배우는 데 익숙해지지 않을 것을 강조해 전하는 말이다. 앉은 자리에서 오래 배우기만 해서는 눈앞의 모든 행위가 쉽게 보인다. 더러는 보는 눈이 무뎌져 자신이 알고 있는 거라고 착각하기 쉬우며, 대체로 타인의 피·땀·눈물이 섞인 노하우와 노웨어에 대해 거저 얻어진 것처럼 오해할 수 있기 때문이다. 혹시라도 강사나 전문가가 만만해 보이기 시작했다면 주의를 알리는 신호가 울린 거다. 무엇을 배우든지 간에, 자기 일이나 관심사에 실효적으로 접목 가능한지, 어떻게 의미를 부여할 수 있는지 매번 세심하게 살펴야 한다. '이제 알았다.', '됐다!' 싶을 때는 남들 앞으로 나와 서서 설명해 보고 설득력이 있는지 실험을 해 보길 바란다. 앉아서 들을 때와 서서 말할 때의 차이가 느껴질 것이다. 또한 나름의 객관적 지표가 있다면 시험을 치르는 방법도 괜찮다. 단, 시험의 경우 각 문항에 대해 답이 맞으면 1점 득점, 틀리면 1점 실점, 답을 내지 않으면 0점으로 처리하여 제대로 잘 알고 있는지 면밀하게 들여다보길 바란다.

로컬을 지나 글로컬glocal[58]로 나아가는 경로에 있어 소통은 매우 중요한 요소이다. 특히 소통의 근간이 되는 언어와 문화는 어느 나라, 어느 곳, 어떤 상황에서든 지식과 경험을 쌓는 일에 하나의 강력한 도구가 된다. 지구촌 어디를 가더라도 좋은 번역사·통역사가 있고, 최신 번역기·통역기가 서비스 영역과 품질을 최적화하고 있다. 이와 별개로 지식과 경험, 노하우와 노웨어의 접점이 되는 문해력과 커뮤니케이션 능력은 탐험하고 탐색하며 소통하는 당신에게 그 필요성이 짙다.

---

### 양손잡이 자기경영(탐색과 역량 편) 체크포인트 3

▶ 나의 지식은 현장과 실전에서 바로 접목이 가능한가?

▶ 나의 경험은 이해관계자를 설득하거나 납득하도록 하는데 얼마나 유용한가?

▶ 나는 요구되는 자료와 정보를 얼마나 빠르게 취득할 수 있는가?

---

**58** 세계화를 뜻하는 global과 지역화를 뜻하는 local의 합성어.

## 08

## 참신한 가치를
## 꾸준히 제시할 수 있는가

각자의 성취와 성공을 향한 우위 경쟁이 복잡해지고, 치열해지고 있다. 그만큼 남들과 동일한 방식으로 노력에 노력을 더해가는 것만으로는 차별화된 성과를 기대하기 어렵다. 많은 사람들 속에서 낡고 단순한 것들을 대신해 자신의 가치를 명확히 제시하는 것이 중요하다. 경쟁의 성패 외에도 자신만의 가치를 제시하거나 특별함, 차별점을 갖추는 것은 이제 필수다.

다양성을 넘어 독창적인 가치를 꾸준히 발견하고 제시할 수 있는 역량을 키우는 일이 중요해졌다. 어찌 보면 자기 계발이 경쟁력보다는 차별성에서 출발한다는 점을 반영하는지도 모른다. 변화의 시대를 살며 남과 다른 참신한 매력으로 가치를 창출하고 자신만의 강점을 극대화하는 경쟁전략은 역량과 유능함을 인정받는 핵심 요건이다. 사람들은 대체로 '강력한 것', '호감이 가는 것', '독창적인 것'에 반응하고 선호하는 경향이 있다. 다양한 가치를 상대에게 제시하거나 제공하는 경우, 차별성이나 독창성이 없다면 그저 그런 것, 너무 뻔한 것들 사이에 묻혀 돋보이기 어렵다. 또한 치열한 경쟁 속에서 밋밋한 인상을 주며 기여도가 약화될 수 있다. 지속 가능한 성장과 발전을 이루기 위해서는 일시적인 성취·성과도 중요하지만 중·장기적 안목에서 가치지향적 역량 강화와 육성이 계속 필요해지는 이유이다.

차별화된 경쟁력으로 상대적 우위를 갖추기 위해서는 제대로 된 선택과 집중을 통해 본인의 재능을 꾸준히 관리해야 한다. '해야 하는 일', '하고 싶은 일', '잘할 수 있는 일', '가치 있는 일' 등 나름의 판단이나 의사결정을 통해 특정 분야에서 독보적인 역량을 키워가야 한다. 특히 낡은 틀에서 벗어나 새로운 접근과 시도로 창의적 사고와 혁신성을 끌어올려야 한다. 독창성은 타고나는 것이 아니라, 자신의 경험, 사고, 감정, 성찰에 기반하여 스스로 의미 체계를 재구성하는 과정에서 비롯된다. 즉 자신이 처한 삶의 맥락 속에서 무엇을 가치 있게 여기고, 어떤 문제를 인식하고, 그것을 어떻게 해석할지를 고민하는 과정에서 발현發顯[59]된다. 자기 계발을 통한 성장과 발전을 지속하려면 내면에서 이유를 찾고, 쉬이 흔들리지 않을 동기를 바탕으로 방향과 속력을 설정해야 한다. 이때 남이 정한 기준이나 기대에 휘둘리지 않고 삶을 통제할 수 있는 자기관리의 철학이 뒷

---

**59** 속에 있거나 숨겨져 있는 것을 밖으로 드러나게 함.

받침돼야 한다.

현대 사회에서는 유사한 이력, 즉 대동소이한 학력, 경력, 자격, 능력을 갖춘 사람들이 생각보다 많다. 따라서 경쟁력을 강화하기 위한 기제로 활용과 탐색을 통한 자원의 재발견과 재구성 못지않게 이해관계자 중심의 마케팅 관점이 요구된다. 이때 차별화된 기획으로 콘셉트와 콘텐츠를 구성해 브랜딩을 관리하는 방안도 유용하다. 긍정적인 브랜드 이미지brand image와 차별화된 브랜드 파워brand power를 구축하기 위해서는 브랜드 노출과 전파를 도울 다양한 매체나 채널이 필요하다. 이해관계자의 마음속에서 브랜드가 고려 대상이 되어야 하는데 신뢰와 호감이 가는 캐릭터에 정체성과 존재감을 더한다면 브랜드전략은 이미 시작된 거다.

주위를 둘러보면 지극히 일반적인 대상이 누군가의 참신한 아이디어나 기획, 전략, 전술을 통해 대단한 관심과 인기를 얻고 활기를 불러온다. 대놓고 드러내지는 않지만, 자신이 추구하는 가치가 무엇인지 은은하게 알리는 메시지가 곳곳에 들어 있음을 알아야 한다. 즉 자신만의 원칙과 가치를 품은 진짜 역량이 속에 있다. 따라서 남과 다른 1퍼센트의 차별화 전략이 있는지, 그리고 그 1퍼센트의 가치를 알아주는 이해관계자가 얼마나 있는지, 그것이 브랜드로 이어질 수 있는지 생각해 보자. 너저분한 쓰레기 더미 속에 내가 있거나 반짝이는 보석들 사이에 내가 숨어 있어도 상대가 나를 알아보지 못하거나 선택하지 않는다면 차별화 전략의 문제점을 바로 찾아야 한다.

역량이란 자신만의 가치를 이해관계자에게 표현할 수 있음을 의미한다. 자기 계발의 궁극적인 목표는 개인의 성장과 발전 그리고 사회적 가치 창출로 이어진다. 따라서 개인의 독창성에서 비롯된 참신한 가치는 결국 타인에게 새로운 관점과 해석을 제공하는 자산이다. 이처럼 '양손잡이 자기경영'은 더 나은 사람이 되려고 애쓰는 것이 아니라 매력적인 가치로 남다른 사람이 되고자 하는 것을 의미한다.

---

### 양손잡이 자기경영(탐색과 역량 편) 체크포인트 3

▶ 나는 다양성을 넘어 독창성을 갖고 있는가?
▶ 나에 대한 브랜딩에 있어 최적화된 요소들을 갖추고 있는가?
▶ 세상을 향해 나를 어떻게 노출하고 전파할 것인가?

# 09

## 초대장은 준비된 사람만
## 받을 수 있다

인생을 살면서 누군가에게 정식 초대를 받은 기억이 얼마나 있는지 묻고 싶다. 한 사람으로서 고귀한 소양이나 뛰어난 역량을 지니지 못했거나, 사회적 지위로 펼칠 수 있는 영향력이 미흡하다면 정중한 프로포절 레터proposal letter를 받기 어렵다. 아무도 관심을 주지 않거나 용기를 내어 다가서려 해도 어디나 그들만의 선수단, 운동장, 리그league가 있고 주류主流와 비주류非主流가 있으며, 그 속에 다시 관계 수준이나 연결의 온도 차가 존재한다. 어디나 나름의 문턱, 허들, 장벽 따위로 진입요건이 존재하기 때문이다. 놀이나 경기에서 깍두기, 대타代打, 후보 같은 일시적 임시역할도 마다할 수 없지만 가급적 반갑게 초대를 받을 수 있는 사람, 이왕이면 초청의 주체가 되어야 한다. 개인 혹은 조직, 기업, 기관 등으로부터 기회를 얻는 것도 중요하다. 선발, 선정, 채용, 위촉, 스카우팅scouting, 캐스팅casting 채널과의 관계 접점 관리를 통하여 당신과 함께 기회를 나누고 싶고, 협업하고 싶은 마음이 들게 함으로써 그들에게 꼭 필요한 사람이 바로 당신이었다는 걸 인정받을 수 있어야 한다. 따라서 **개인은 큰 일, 중요한 일에 앞서 작은 일, 사소한 일 하나부터 잘해야 한다.** 다른 사람들과 같이 일함에 있어 자신의 유능함과 역량을 나름의 리더십을 통해 표현하고 설득하며, 그 가치를 키우고 관리해야 한다.

연약하면서도, 때로 견고한 인간 사회의 복잡한 관계망 속에서 필요한 인물, 적격성을 갖춘 인재로 자리매김하는 건 단순히 행운을 줍는 것이 아니라 자기 스스로 만들어 가는 기회이자 결과이다. 보탬이 안 되거나 쓸모없는 사람, 분위기를 망치거나 사기를 떨어 뜨리는 사람, 문제를 일으키는 사람을 모셔가는 바보는 세상에 없다. 그렇기에 자신이 놓인 그 지점에서부터 꾸준히 학습하고 기대 성과와 기대 이상을 만들 수 있는 역량을 키워내야 한다. 일반적이고 평범한 사람은 많지만, 특정 분야에서 독보적인 전문가, 영향력 있는 인물은 흔치 않다. 이는 비단 학자나 전문가 영역만이 아니다. 〈세상을 바꾸는 시간, 15분〉, 〈생활의 달인〉 같은 프로그램만 보더라도 감동적이고 위대한 인물들을 우린 알아볼 수 있다. 개인의 역량이 아무리 뛰어나다고 하더라도 노출되지 않고 전파되지 않는다면 좋은 기회가 찾아오는 것은 요원하다. 그렇기에 자신의 가치와 다른 사람들의 가치를 담아낼 수 있는 휴먼네트워크human network를 관리해야 한다. 시대와 환경이 변하면 요구되는 역량도 변한다. 더디고 어렵더라도 자신의 위치에서 배움을 멈추지 않고 변화에 적응하며 끊임없이 성장하고 발전하려 할 때 성공에 이를 수 있다.

'기회는 준비된 사람에게 찾아온다.'라는 말이 있다. 기다리던 때가 온다는 말이지만 갖춰진 역량이 없다면 어떤 결과를 만들 수 있을까? 예를 들어 야구 시합 때, 만원 관중 앞에서 투수가 아무리 좋은 공을 던져 주어도 당신은 홈런은커녕 헛스윙, 또는 아무것도 해 보지 못하고 삼진으로 아웃 될 확률이 높다. 골프에서도 동반자의 초대로 라운딩할 때 패널티 구역을 오가며 허우적대다가 씩씩거리는 비신사적 행위를 보인다면 소중했던 한 장의 초대장, 한 장의 카드는 그야말로 연기처럼 사라지고 말 것이다. 그리고 다시는 그들과 어울리기 힘들 거다. 자기 자신에 대한 투자와 관리는 강력한 경쟁력이며 성공의 열쇠가 된다. 한정된 수, 차별화된 가치를 의미하는 초대장을 들고 스포트라이트를 받으며 서고 싶었던 그 무대 위로 당당히 걸어가 자리를 잡는 당신이 되어야 한다. 또한 멋진 파티에 초대를 받았다면 출구 쪽에 서서 어정쩡하게 있기보다는 파티장 중앙에서 사람들과 마음껏 웃는 당신이 되길 바라본다. 생생하게 준비하며 기다리고 기다린다면 언젠가 대단한 일들이 한 장의 초대장에서 시작되는 놀라운 경험을 하게 될 것이다. 주도권을 쥐고 나에게 유리한 타이밍을 준비하길 바란다.

## 양손잡이 자기경영(탐색과 역량 편) 체크포인트 3

▶ 나는 지금 Generalist인가, Specialist인가?

▶ 나는 목표에 부합된 학습과 경험을 계속하는가?

▶ 나는 언제든지 핑크빛 초대에 부응할 준비가 되어 있는가?

# 통제와 개선

## 양손의 재발견과
## 자원의 재구성

"도전이란

자기 자신에게 싸움을 거는 행위이다.

그저 지금까지의 행태와 관성에 빠져

안일하고 나약해지는 자신으로 계속 머무는 일이

당신에게 일어나지 않기를"

# 양손잡이 자기경영 가이드라인
## 제4장 통제와 개선 편

4장은 자기경영 자원의 두 축인 '활용'과 '탐색'을 효과성과 효율성 관점에서 재구성하는 전략을 다룹니다. 특히 변화와 전환의 과정에서 '통제'와 '개선'이 체계화와 안정화에 이르는 핵심임을 강조합니다. 환경분석과 자원의 재발견 과정에서 하드웨어·소프트웨어 자원을 유기적으로 조직하는 체계를 제시해 성공의 기반을 다지고 목표와 정교하게 정렬되도록 이끕니다. 이 과정에서 고정된 틀을 과감히 벗어나 재구성함으로써 환경에 유연하고 능동적으로 대응할 수 있도록 합니다. 이러한 유연성은 콘셉트와 콘텐츠 간 '톤앤매너'의 조화와 일관성을 이루고, 인간 중심의 휴먼웨어 관점을 통해 자원 간 관계의 정합성과 적합성을 점검하도록 합니다. 나아가 신호와 소음을 구별하고 피드백을 수용하며 지속적인 개선점을 발견하려는 태도가 성장과 발전을 돕는 핵심 요인임을 강조합니다.

▶ 보유한 자원과 앞으로 확보해야 할 자원을 파악하고 있는지

▶ 나의 하드웨어 자원은 어떠한 기반을 조성하게 되는지

▶ 나의 소프트웨어 자원은 어떻게 응용될 수 있는지

▶ 나에게 적합한 시스템과 프로세스는 잘 구축되어 있는지

▶ 필요하다면 나를 창의적으로 재건하고 재구성할 수 있는지

▶ 나에게 최적화된 콘셉트와 콘텐츠를 갖추고 있는지

▶ 나의 휴먼웨어 자원은 안정과 변화를 균형 있게 추구하는지

▶ 목표에 이르는 전체 과정과 접점을 제대로 관리하고 있는지

▶ 나의 문제를 개선하기 위해 지금 어떠한 노력을 하는지

# 01

## 환경을 분석하여
## 자원과 쓸모를 찾아라

2010년대 이후 '금수저', '은수저', '흙수저'와 같은 말의 유행과 함께 수저계급론이 한창 불거진 적이 있었다. 대체로 부모가 자녀를 뒷받침하는 능력을 기준으로 결정되는데 그 능력치가 높으면 '금수저', 낮으면 '흙수저'로 분류하는 것이었다. 이러한 구분은 표면적으로 보이는 자녀 세대만을 놓고 평가하는 것이 아니라 쓸쓸하게도 자녀를 통해 그들의 부모까지 비교 대상으로 만든다. 어떤 때는 선대의 업적, 유산, 황금 인맥 등등, 힘을 가진 부모의 영향, 소위 부모 찬스가 개입하는 경우도 있다. 이처럼 타고난 자원 외에도 별도의 지원이 있을 수 있으며, 누구나 처한 환경과 헤쳐 나가야 하는 상황이 시시때때로 다르다. 또한 각자 활용 가능한 인적자원, 재무자원, 여유 자원의 양과 질이 서로 다를 수밖에 없다.

**누군가의 성공에 행운이 있었을 수는 있지만 결코 우연의 결과라고 볼 수는 없다.** 그것은 환경과 접근 가능한 자원의 가용성에 기반하여 만들어진 과정이자 정성스러운 노력이 빚은 성과이기 때문이다. 개인의 성장과 발전을 촉진하여 목표에 제때 제대로 도달하는 시스템을 디자인하기 위해서는 몇 가지 요소가 필요하다. 먼저 내부와 외부 환경을 최대한 이해해야 한다. 문제와 문제점을 식별하여 이행과제를 수립하고 각각의 프로세스에 접목하여 활용할 수 있는 자원과 도구를 점검해야 한다. 다음으로 목표를 달성하기 위해 투입해야 하는 것과 제거해야 하는 것을 통제하는 것이다. 이는 피드백을 통해 보완과 개선에 필요한 환경을 새롭게 재구성하는 것이다.

환경은 개인, 조직, 기업, 사회를 둘러싼 물리적 실정뿐만 아니라 인간의 사고, 행위, 태도, 문화 등에 영향을 미치는 정치, 경제, 사회, 기술, 법률은 물론 정서적 맥락까지 포함한다. 따라서 자기 주도적으로 설계된 환경은 활용과 탐색의 균형을 기반으로 변화하고 혁신할 수 있는 유연성과 기대를 제공한다. 그리고 이를 통해 시스템의 안정화를 거쳐 내재화, 고도화를 돕는다.

환경이 하나의 무대 혹은 치열한 경합과 경쟁이 즐비한 운동장을 제공하는 반면, 자원은 힘을 보태며 행위에 필요한 방법과 공간, 도구를 제공한다. 여기서 자원은 인적자원, 재무자원과 같은 유형의 자원과 휴먼네트워크, 협업 플랫폼, 파트너십, 신뢰, 신용 등과 같은 무형의 자원 그리고 여유 자원까지 모두 포함하는 개념이다. 현재 벌어진 발생형 문제와 미래 어느 시점을 고려한 설정형 문제에 맞게 보유 자원을 적정하게 투입하는 감각과 역량은 성과관리, 리스크 관리 등에 상당한 영향을 발휘한다. 여전히 미래는 아직 아무도 가보지 않은 길이기에 교육과 훈련 프로그램을 통해 개인의 자격요건을 갖추고 차별화된 역량을 키울 수 있다. 또 진짜 정보를 통해 통찰력을 갖출 수 있다. 그 외에도 강하고 연약한 네트워크, 긴밀하고 느슨한 네트워크 모두, 미래를 향한 당신에게 유용한 지침과 정서적 지원을 제공한다. 환경을 관조觀照만 해서는 얻을 수 있는 게 없다. 꾸준한 자료 수집을 통해 내부 환경, 외부 환경을 조사·분석하고 보유 자원과 필요 자원을 구분해야 하며, 자원의 쓸모를 찾아 용도에 적합하게 투입할 수 있어야 한다. 환경의 일부라도, 어떻게든 앞으로 나의 편이 될 수 있게 관심을 기울여야 한다.

---

### 양손잡이 자기경영(통제와 개선 편) 체크포인트 3

▶ 나를 포함한 내부 환경과 외부 환경을 분석하고 기획에 활용하는가?

▶ 나는 환경에 귀속된 채로 수동적인가? 아니면 환경에 적응하며 적극적으로 활용하는가?

▶ 내가 보유 중인 자원은 개선을 위해 어떻게 쓰이고 있는가?

# 02

하드웨어 자원으로
성공 기반을 다져보자

성공을 하나의 완성된 집을 짓는 형태라고 볼 때, 하드웨어 hardware는 인간의 신체적 능력과 물리적이며 물질적 자원을 포함하는 개념이다. 건강한 몸, 심신을 받치는 체력 즉, 근력과 지구력은 물론 적절한 도구의 효과적 · 효율적 이용과 자원의 적극적인 활용이 필요하다. 어느 정도의 소양을 바탕에 둔 성실한 사람이라면 자신의 신체적 조건을 이해하고 가진 여건을 충분히 활용할 것이다. 수면과 휴식 등 기본적인 생활 습관이나 건강, 태도를 철저히 관리하는 데 집중할 것이 분명하다. 또한, 역량과 유능함을 갖춘 사람은 자신의 목표 달성과 성취에 필요한 도구나 물리적 자원을 탐색하고 확보하여 하드웨어를 견고히 할 것이다.

**자기경영을 위해서는 무엇보다도 심신의 건강이 중요하다. 건강한 몸은 지속적인 노력과 몰입을 가능하게 하며, 창의적인 사고와 행동을 위한 필수 조건이 된다.** 이를 위해 다음과 같은 관리가 필요하다.

첫째, 규칙적인 운동이다. 신체적 건강을 유지하기 위해 적절한 운동을 해야 한다. 유산소 운동은 심폐 기능을 강화하고, 근력 운동은 신체의 균형과 지구력 향상에 도움을 주므로 햇빛을 맞으며 걷는다거나 달리기, 레포츠, 스포츠 등 자신에게 맞는 활동을 찾아 꾸준히 관리할 필요가 있다. 둘째, 균형 잡힌 영양 관리다. 올바른 식습관은 즐거움과 심신의 건강을 위해 필요한 것으로 활동 에너지와 집중력 유지에 중요한 역할을 한다. 단순히 에너지원을 섭취하는 것이 아니라, 필수 영양소를 고려한 식단으로 챙겨 관리해야 한다. 셋째, 충분한 수면이다. 효율적인 두뇌 활동과 신체 회복을 위해 적절한 휴식이 필수이다. 산책이나 여행 등으로 스트레스나 각성을 줄이고, 환기를 통해 집중력을 되찾을 수도 있다. 가능한 한 정시 기상, 정시 취침을 통해 수면의 질을 관리하며, 몸이 보내는 신호를 무시하거나 흘려보내지 않길 바란다. 넷째, 무리하지 않는 생활 습관이다. 적정수준을 넘어선 필요 이상의 과로, 과식, 과음, 과당, 과욕들은 체력 저하뿐 아니라 일상으로의 회복에 많은 시간과 비용을 감내하게 하며, 분위기 여파로 일상 전환이 힘들어지기 때문이다.

물리적 환경 또한 자기경영에 중대한 영향을 미친다. 생산성을 극대화하려면 자신의 환경을 체계적으로 정리하고 최적화해야 한다. 이를 위해 다음과 같은 요소를 관리해야 한다. 첫째, 공간의 확보와 정리이다. 깨끗하고 체계적인 공간은 집중력을 높이고 몰입을 통한 효율을 향상되게 한다. 따라서 불필요한 물건을 줄이고, 필요한 도구를 손쉽게 사용할 수 있도록 정리 · 정돈 · 정위치 하는 습관이 필요하다. 둘째, 적절한 도구와 장비의 활용이다. 업무와 학습에 필요한 도구를 적절하게 관리하고, 디지털기기나 스마트 기술, AI 기능, 앱 등 최신 기술을 활용하여 효율성을 극대화해야 한다. 셋째, 활동 환경의 조성이다. 동선에 따른 안전, 보건 체계는 물론 조명, 소음, 온도, 배경, 형상, 물건 등의 환경 요소를 신경 써서 최적의 환경을 유지하는 게 중요하다. 특히 방해를 받지 않는 환경과 분위기를 잘 갖출 필요가 있다.

소프트웨어software와 휴먼웨어humanware를 품게 될 하드웨어 관리의 실천은 성공의 기반이 된다. 자기경영을 효과적으로 실천하기 위해서는 소양과 역량뿐만 아니라, 이를 뒷받침할 수 있는 신체적 · 환경적 하드웨어 관리가 필수이다. 건강한 몸과 최적화된 주변 환경이 없다면, 아무리 뛰어난 역량과 계획이 있어도 지속적인 성장과 발전을 이루기 어렵다. 따라서 우리는 신체적 건강을 유지하고, 활동 환경을 최적화하는 노력을 지속해야 한다. 활용과 소양을 바탕으로 자원을 재해석하고 제대로 잘 관리해야 한다. 또한 이해관계자와 다양한 요구사항과 상황에 대응할 수 있는 실효적 자원을 잘 탐색하고 역량으로 삼아야 한다. 이 같은 체계를 갖추는 것이야말로 진정한 자기경영과 자기 계발의 출발점이라 할 수 있다.

## 양손잡이 자기경영(통제와 개선 편) 체크포인트 3

▶ 내가 보유 중인 하드웨어 자원은 무엇인가?

▶ 나는 하드웨어 자원을 어떻게 관리하는가?

▶ 성장과 발전을 위해 추가로 요구되는 하드웨어 하위 자원은 무엇인가?

# 03

## 소프트웨어 꾸러미로
## 성공을 디자인하라

　성장과 발전을 도모하기 위해서는 자기경영의 관리 포인트와 여러 개별적인 활동을 이해해야 한다. 들여다보지 못하고 전체적으로만 자신을 바라보면 가진 자원과 영향력을 제대로 파악할 수 없기 때문이다. 하드웨어 관리가 자기경영의 기틀을 구성하는 본원적·물리적 기반이라면 소프트웨어관리는 하드웨어와 함께 자기경영의 가치를 완성하는 한 축을 이룬다. 곧 지원 활동과 내면적 구성을 꾀한다. 자신의 활동을 연관성 있는 몇 개의 활동으로 나누고 자기경영을 뒷받침하는 요소를 발견해 각각의 이용, 연계, 융합을 체계화할 필요가 있다. 운영체계와 응용소프트웨어는 물론 자료와 정보에 대한 충분한 이해 또한 필요하다. 당연히 도구와의 연동連動은 필수적이다.

　소프트웨어는 자기 계발의 운영체계이자 역량 강화의 핵심 구성요소로서, 개인의 사고방식에 관여하며 정보 활용 능력, 목표 설정과 피드백 시스템, 감정 조절, 루틴 구성 등을 담당한다. 하드웨어가 자기 계발의 프레임frame을 제공하는 대신, 하드웨어를 어떻게 활용해 성장과 발전을 이뤄낼지 탐색하는 것은 소프트웨어에 달렸다. 소프트웨어와 프로그램이 없는 자기경영은 연료가 없는 자동차와 다르지 않다.

소프트웨어를 운영체계와 응용소프트웨어 즉 애플리케이션으로 구분할 때, 첫째 운영체계는 사고방식, 루틴, 기준, 구조화 능력 등 자기 계발의 기반을 이루는 내면의 시스템을 담당한다. 눈에 보이진 않지만, 행동과 성과를 좌우하는 시스템적 프로그램의 집합이다. 이를 통해 목표 관리, 생산성 관리, 데이터 분석, 사고 프레임워크, 루틴의 구조화 등을 담당하며 지속 가능한 자기 계발의 내적 기준을 마련하여 체계를 잡는다. 두 번째 응용소프트웨어는 구체적인 실행 도구이자 수단이다. 운영 프로그램을 현실에서 적용되도록 하는 실천적 도구 성격을 갖는다. 운영체계가 없으면 실행의 방향이 흐려지고 애플리케이션이 없으면 실행력과 지속 가능성이 현저히 낮아진다.

시스템 내에는 다양한 루틴과 처리 프로세스가 필요하다. 마찬가지로 인간의 프로세스 깊은 곳에는 자신만이 해독할 수 있는 블랙박스black box도 숨겨져 있다. 프로세스는 개성과 태도를 살려 자료와 정보처리의 효과 · 효율을 체계화한다. 최신 · 최고 성능의 뛰어난 소프트웨어를 갖추기 위해서는 평소 학습 습관과 배움의 태도를 배경에 두고 지속적인 자기 계발을 실천할 필요가 있다. 또한 변화하는 환경에서 필요한 자료와 정보를 효과적으로 탐색하고 이를 가공하여 자신의 역량에 보태야 한다. 특히 소프트웨어의 오류를 줄이고 안정성과 완성도를 고려할 필요가 있다. 단순히 자료를 수집하거나 정보를 처리하는 수준을 넘어, 필요한 지식을 체계적으로 정리하고 이해함으로써 필요시 적절한 시점에 인출, 활용, 재구성, 저장하는 능력이 필수이다.

**자료와 정보의 효과적인 활용과 관리를 위해 진짜와 가짜, 문제와 문제점을 구분할 수 있어야 한다.** 그리고 신뢰할 수 있는 원천을 활용하여 수집한 자료를 객관적, 비판적으로 분석하는 능력을 갖춰야 한다. 타당성과 신뢰성이 검증된 자료와 정보가 결국 합리적인 의사결정을 지원하기 때문이다. AI를 비롯하여 스마트워크, 디지털 전환, 디지털 리터러시와 같이 현대 사회가 요구하는 스마트, 디지털, 자동화 기술을 효과적으로 이용하는 것이 필수인 시대이다. 따라서 **새로운 소프트웨어와 도구, 기술의 적극 도입, 구축, 운영이 요구된다. 어렵고 잘 모르겠더라도 머뭇거릴 시간에 학습을 통해 한 걸음씩 다가서야 한다.**

객관적이고 일반화된 기준을 통해 중심을 잡고 유효하지 않거나 무의미한 자료와 정보, 거짓 정보, 쓰레기 정보, 불필요한 이슈를

쳐내야 한다. 유·무형의 자료와 정보를 우선순위와 선택적 활용을 통해 정리·정돈·정위치 관리를 해야 하고, 업데이트해야 한다. 운영체계와 응용프로그램을 다루며 어떻게 활용할 수 있는지, 기대 성과가 무엇인지 살피고 시스템과의 연결성과 안정화를 통한 최적화, 내재화, 고도화가 가능하도록 구성해야 한다. 나아가 프로그램 간 호환성, 확장성, 통합성까지 고려할 필요가 있다.

### 양손잡이 자기경영(통제와 개선 편) 체크포인트 3

▶ 내가 보유 중인 소프트웨어 자원은 무엇인가?

▶ 나는 소프트웨어 자원을 어떻게 관리하는가?

▶ 성장과 발전을 위해 추가로 요구되는 소프트웨어 하위 자원은 무엇 인가?

# 04

내게 최적화된 루틴과
프로세스를 갖추자

활용과 탐색 혹은 소양과 역량 등의 요소와 하위 자원 간 구조화된
시스템의 운용 결과는 성장과 발전을 지향한다. 내부 환경의 강점과
약점, 외부 환경에 기인한 기회와 위협 등 각각의 수준은 차치하더
라도 다수의 사람은 목표를 향한 체계적인 문제 접근보단 성급히
답을 알아내려고 하는 경향을 보인다. 또한 우연한 기회나 첩보, 단
기적인 노력에 주로 의존하기 때문에 대체로 시작부터 꼬여 있다.

대중에 많이 알려진 데밍W. Edwards Deming의 P-D-C-A 사이클은
특정 대상의 개선을 계속 실행하기 위한 절차로 기획planning; P 혹은
계획plan; P, 실행do; D, 검토check; C, 개선 조치act; A와 같은 일련의 순
환과 주기를 포함한다. 이는 시스템 내에서 문제와 문제점을 찾아
접근하고 해결하는 체계를 구성하는데, 각각 중요한 의미를 내포하
며 연계되는 구조를 갖는다. 기획 혹은 계획P은 개선이 필요한 요
인이나 프로세스를 대상으로 대안을 마련하고 각각의 기대효과와

시간, 비용, 리스크 등을 검토한 후 목표 및 달성 계획을 수립하는 단계이다. 실행D은 계획을 차질 없이 실행하는 것으로, 진행 상황을 관찰하고 모니터링하며 추후 자료와 정보를 수집하거나 필요에 따라 수정 사항을 반영하는 단계이다. 검토C는 실행단계를 모니터링하거나 체크하고 수집한 자료와 정보를 분석하여 기획과 계획 단계에서 설정한 목표를 얼마나 달성했는지 비교·관리하는 단계이다. 개선 조치A는 수행 평가 및 결과에 따라 문제해결 프로세스를 정립하거나 피드백을 통해 보완될 수 있도록 개선을 위해 시정조치 또는 조율하는 것을 의미한다.

체계적 사고의 힘을 위해서는 기획과 계획에 맞물리거나 혹은 그 이전에 대상과 상황에 대한 이해understanding; U와 통찰이 필요하다. 아무리 사전에 잘 준비된 기획과 계획이 있다고 해도 완벽할 순 없으므로 실행 과정 관찰, 모니터링을 통해 체크·관리함으로써 전체의 과정에서 도출된 시사점을 개선에 반영해야 한다. 여기서는 개선 사이클의 기본적인 출발점을 이해U부터라고 부르겠지만 처한 환경과 상황에 따라 그 시작점은 달라질 수도 있다.

개선 사이클은 문제와 문제점 인식, 기획과 계획, 자료와 정보수집, 대안 검토, 태도 형성과 실행, 관찰과 모니터링을 포함해 궁극의 개선을 반복하는 프로세스이다. 또한 내부·외부 환경을 활용하고 극복하며 최적의 결과를 찾아가는 과정에서 매우 중요한 역할을 한다.

특별한 상황을 제외하고는 누구나 (U)-P-D-C-A의 세밀한 적용을 통해 지속 가능한 시스템을 만들 수 있다. 그리고 융합과 응용 여부에 따라 각각의 사이클이 배치된 여러 지점에서 스노우볼 snowball처럼 무게중심을 만들고 안정감이 있게 외형과 내실을 다져갈 수도 있다. 반복과 습관화의 힘이 여기에서 시작된다. 험난하지만 성공을 향하는 당신에게 엔진과도 같은 사이클이 몇 개 있는지 그리고 현재 사이클의 크기, 기능, 조합, 수명은 각각 어떠한지 묻고 싶다.

---

### 양손잡이 자기경영(통제와 개선 편) 체크포인트 3

▶ 앞으로 가야 할 길의 난이도, 연결성, 소멸성을 수시로 추정하는가?

▶ 나의 UPDCA 사이클(들)은 시스템 내에서 안정화되어 작동하는가?

▶ 현재 만들어 굴리고 있는 스노우볼은 무엇이며, 이후 어떻게 활용할 예정인가?

## 05

---

# 틀을 벗어 던지고
# 재건하고 재구성하라

일과 생활의 양립을 추구하는 과정에서 인성을 갖추는 일과 인재로 인정받는 일, 그리고 이 둘의 균형과 조화는 필수다. 인성은 진정성과 책임감을 바탕으로 성실함과 태도를 형성하며 신뢰 관계를 구축하는 기반이 된다. 반면 인재는 실력과 창의성을 갖추고 변화하는 환경 속에서 유능함을 적격하게 입증하는 등 차별화된 역량이 된다. 하지만 소양과 성실함만으로는 효과성과 효율성을 담보할 수 없으며, 역량과 유능함만으로도 지속 가능한 성장과 발전을 보장하기 어렵다. 따라서 어느 하나로 인해 균형이 어긋나는 경우, 기대와 달리 생존과 경쟁에서 넘어지거나 고배苦杯를 들게 되기도 한다.

〈대자연〉이나 〈동물의 왕국〉과 같이 자연과 동물을 소재로 한 다큐멘터리프로그램을 보면 동물의 실수나 패배에 대한 대가는 매우 치명적이다. 무리에서 가차 없이 버려지거나 입은 상처에 그 어떤 것도 해 보지 못하고 고통 속에서 안타까운 죽음에 닿지만, 인간의 실패는 이와 다르다. 상황을 어떻게 받아들이고 대처하는지에 따라 얼마든지 기회로 삼을 수 있다. 물론 감내해야 할 것들도 있다. 그 중에서도 보유 자원의 재인식을 통해 불을 붙이는 착화着火 과정이 중요하다. 또한 보유 자원의 매력과 가치를 새롭게 재발견 함으로써 싹을 틔우는 발아發芽 과정도 더없이 중요하다.

오래된 습관, 관습, 관행 등을 바꾸려는 시도엔 많은 불평불만, 불편, 불안, 번거로움이 있다. 간단한 예로, 손깍지를 끼거나 팔짱을 낄 때 왼손, 오른손의 위치를 바꾸는 것과 같다. 바쁜 시간에 평소 사용하던 손이 아닌 다른 손으로 양치질해야 하는 것처럼 꽤 어색할 수 있다. **기존의 고정관념과 비효율적인 틀을 과감히 버리고, 설계를 다시 할 수 있어야 한다.** 성공은 단순히 생존이나 현재의 위치를 유지하는 데 그치는 것이 아니라, 끊임없는 혁신과 개선을 통해 더 나은 미래를 선택하며 나아가는 과정을 포함한다. 하지만 우리는 종종 한계에 부딪히곤 한다. 이때 필요한 것이 바로 '재건再建'의 과정이다. **과거를 딛고 새롭게 시작한다는 의미의 재건은 과거의 실수를 인정하고, 무너진 기반을 다시 세우는 것이다.** 이는 단순한 반복이 아니라, 과거의 경험에서 교훈을 얻어 더욱 단단한 토대를 구축하는 것이다. 예를 들어, 예상치 못한 실패와 좌절을 경험했을 때 기존 방식을 고수하는 것이 아니라, 실패 원인을 분석하고 반성하여 전략을 수정하는 재건 과정을 거쳐야 한다. 마찬가지로 개인적인 목표를 이루는 데 시련이 있을 수 있지만, 이를 발판 삼아 더 나은 방향으로 나아가려는 의지를 발동해야 한다.

　**성장과 발전은 정적인 상태가 아니라, 끊임없는 변화 속에서 최적화하는 동적인 과정이다.** 환경과 상황이 변하면 기존의 방식이 더 이상 유효하지 않을 수 있다. 혼돈은 무질서를 의미하며, 변화는 혼돈을 불러올 수 있다. 따라서 유연하게 사고하고 기존의 틀을 깨어 새로운 구조를 만드는 '재구성再構成'이 필요하다. 변화하는 환경 속에서 최적화를 의미하는 재구성의 과정은 기존의 강점을 극대화하면서도 비효율적인 요소를 제거하는 방식으로 이루어진다. 일례로 사회에서의 역할이 변화하거나 새로운 기술이 등장하면, 이에 적응하기 위해 자신의 역량을 재구성해야 한다. 적당히 융화되는 듯한 시늉이나 안주가 아닌, 새롭게 배우고, 익히며, 다른 시각에서 문제를 바라보는 노력을 계속하자.

　**인간적 소양과 전문적 역량은 상호 보완적인 요소이다.** 인성이 형편없다면 역량은 지속되지 못하고, 역량이 부실하다면 인성이 아무리 좋아도 가치를 얻기 힘들다. 따라서 우리는 꾸준한 노력과 성실함을 바탕으로 변화에 능동적으로 대응할 수 있는 유능한 역량을 갖추어야 한다. 이러한 맥락에서 '재건'과 '재구성'은 성공을 위한 필수 과정이다. 실패를 두려워하지 않고 끊임없이 개선하며, 변화와 전환을 통해 환경 속에서 유연하게 적응하는 것이 중요하다. 부지런하고 성실하게 잘 쌓아온 기반 위에 역량을 더해, 필요할 때마다 자신을 재건하고 재구성하는 능력이야말로 진정한 자기경영과 자기 계발의 핵심이다.

---

### 양손잡이 자기경영(통제와 개선 편) 체크포인트 3

▶ 내가 보유한 자원과 확보해야 하는 자원은 무엇이며, 어떻게 관리하는가?

▶ 개선을 통한 성장과 발전을 위해 재건 혹은 재구성이 필요한 부분은 어디인가?

▶ 자원의 재발견에 따른 재건과 재구성 전략은 무엇인가?

# 06

## 콘셉트와 콘텐츠 간
## 톤앤매너를 정립하라

기획을 통해 콘셉트와 콘텐츠를 다루는 과정에서 텍스트, 이미지, 영상 등의 편집, 디자인으로 스타일, 분위기 등을 연출할 때 간과할 수 없는 게 있다면 그것은 바로 톤앤매너tone & manner다. 우선 톤tone은 메시지를 전달할 때의 감정적 태도와 어조를 의미한다. 따라서 '무엇을 말하는가.'보다 '어떻게 말하는가.'에 초점이 맞춰져 있다. 예를 들면 따뜻한 톤, 유쾌한 톤, 전문적인 톤, 권위적인 톤 등이 바로 그런 것이다. 한편, 매너manner는 톤을 구체적으로 표현하는 방식을 의미한다. 주로 언어, 시각, 행위 등을 통해 추구하는 톤을 일관되게 드러내는 규칙이다. 예를 들면 말투, 컬러, 폰트, 배경, 형상 등이 포함된다. **톤앤매너는 톤과 매너 요소들을 믹스하여, 감정의 방향과 표현의 방법을 구성함이다.**

제대로 된 자기경영을 준비, 도입, 구축, 운영하고자 할 때, 기획의 관점에서 참신한 콘셉트 설정과 실효적인 콘텐츠 구성, 그리고 양적·질적 수준에서 연계성, 전체적 조화는 필수이다. 콘셉트와 콘텐츠 간 시너지 효과를 위해 수많은 검토와 조정, 보완을 거쳐 하나의 톤앤매너를 정립할 필요가 있으며 꾸준한 관리를 통해 개선을 이어 가야 한다.

콘셉트는 핵심 아이디어이자 하나의 아이덴티티identity로 모든 기획과 전략의 뼈대가 된다. 명확한 문제 인식이나 실효적·구체적 목표가 도출되지 않는다면 변화와 전환을 뒷받침하는 힘을 잃어 문제해결과 개선은 더욱 요원해진다. 따라서 자기경영에 관한 고민을 통해 무엇을 할 것인지, 자신이 추구하는 가치와 방향을 손에 잡힐 듯 생생하게 설정해야 한다. 불필요한 노력의 낭비를 막고 어떠한 간섭이나 방해에도 일관성 있는 자기 계발을 실천할 수 있어야 한다. 자신만의 차별화된 강점을 살리고 매력 포인트로 발전시켜야 하며, 콘텐츠 역시 콘셉트와 어우러져 감초 같은 역할을 다해야 한다.

콘셉트는 자기경영의 방향과 속력 그리고 핵심을 담는 결정적 요소다. 마치 무게중심과 균형을 다루는 코어와도 같으며, 자기경영의 주체인 자신의 정체성과 목표를 설정하는 데 매우 유용하게 사용된다. 따라서 먼저 자신에게 적합한 목표를 명확히 세우고 기대 성과를 추정해 볼 필요가 있다. 과제와 과정에 들어맞고 달라붙는지 성과를 가늠해 보는 것이다. 참신한 전략 위에 정성을 들이고 차별화된 매력을 가꾸는 등 자신만의 브랜드와 스타일을 형성하는 것

또한 필요하다. **다양한 기회 관리와 위협·위기·위해 속 리스크관리를 통해 방향과 본질을 잃지 않고 목표에 집중하는 마음가짐은 기본이다.**

콘텐츠는 개인의 성장과 발전, 문제해결 과정에서 징검다리이자 디딤돌이며, 콘셉트를 구현하는 구체적인 수단으로 자기경영에서 정체성을 비추는 결과물이다. 이는 이론과 지식, 실무경험 외에도 다양한 사례들이 콘텐츠로 축적되므로 효과적·효율적 자기 계발을 위해 콘텐츠를 지속 관리하며 개선하는 습관이 필요하다. 그 외에도 폭넓고 원만한 인간관계, 창의적 활동 등을 통해 자신만의 콘텐츠를 융합하며 꾸준히 관리해 가는 것이 중요하다. **콘텐츠는 지속적이며 반복된 학습과 훈련을 바탕으로 얻은 깨달음 위에, 새로운 지식, 스킬, 태도를 쌓아 올리고 다지는 과정을 겪는다.** 수집한 수많은 자료를 체계적으로 정리, 가공, 정보화하여 생활이나 업무에 바로 적용할 수 있도록 효과적·효율적으로 관리해야 한다. 나아가 한 번 생성한 콘텐츠에 만족하지 않고, 결과물에 대한 긍·부정의 피드백을 통해 꾸준히 개선하려는 자세가 중요하다.

## 양손잡이 자기경영(통제와 개선 편) 체크포인트 3

▶ 나의 콘셉트는 무엇이며, 누가 봐도 참신하고 매력적인 것인가?

▶ 나의 콘셉트에 부합하는 콘텐츠는 어떤 것인가?

▶ 나의 콘셉트와 콘텐츠는 지속적으로 개선되고 있는가?

# 07

## 휴먼웨어로 자원의 양립과
## 관계를 조율하자

　자기경영에서 휴먼웨어는 자기 발견과 자기 수양의 조화로운 균형을 요구한다. 이는 인간의 도덕과 윤리, 대인관계, 감성 지능, 소통력 등을 포함하는 개념이자 대상 간의 조율 기능을 갖춘 유기적 연결체이다. 단순 기능과 기술을 넘어, 타인과의 상호작용을 통해 가치를 만드는 것으로, 개인의 소양과 역량에도 깊이 관여한다. 아무리 잘 갖춰진 하드웨어와 소프트웨어가 있다고 하더라도 그것들 사이에서 균형과 중심을 잡아 주는 튜너tuner[60]나 댄서dancer[61]가 없다고 생각해 보자. 복잡계複雜界를 다루는 시공간에서 단독으로는 자기경영 시스템을 보장할 수는 없다. 따라서 **인간관계를 원활하게 하거나 사회 가치를 실천하기 위한 노력을 이제 간과할 수 없다.**

　한 개인이 사회생활과 인간관계를 통해 긍정적 후광효과를 얻고

---

**60**　연주에서 악기의 음을 표준음에 맞추는 데 사용하는 기구.
**61**　연속된 공정 시스템에서 위치를 조율하는 정밀 제어 장치.

신뢰를 구축하는 일은 무엇보다 중요하다. 특히 다양한 환경, 복합한 이해관계, 여러 상황 속에서 소통과 협업을 통해 기대 성과에 도달하는 건 절대적 요구이다. 사회환경은 다양성, 복잡성, 역동성을 저변에 두고 있다. 그런 생태계에서 살아남아 성장, 발전하기 위해서는 물질적 자원의 활용이나 단순한 기법만이 아니라, 인간적 소양, 공정하고 합리적인 가치관 등이 추가로 필요하다. **도덕적 기준과 윤리적 가치를 세우고 타인을 배려하는 태도를 갖추어야 하는데 이는 어디서나 리더에게 강조되는 덕목이다.** 리더십이 뛰어난 사람은 자기 자신뿐만 아니라 타인의 성장을 돕고 주변 환경을 긍정적으로 변화시키는 영향력이 있기 때문이다.

관심과 경청은 말처럼 쉽지 않고 상황과 관여도에 따라 변하기 때문에 인내의 수련이 필요하다. 자기 감시, 자기 인식, 감정 조절 능력을 균형 있게 키워야 하는데, 감성 지능이 높은 사람은 변화에 유연하게 대응하고, 긍정적인 에너지를 발산하며 타인의 감정을 이해하는 능력이 뛰어나다. 원활한 의사소통과 효과적 커뮤니케이션은 인간관계의 핵심이다. 소통 기회를 얻는 방법, 상대 의견을 경청하며 논리적으로 대응하는 방법, 기분과 태도를 조율하며 감성을 나누는 대화 능력은 앞으로도 중요시될 스킬 가운데 하나다. 결과적으로 현대 사회에선 개인의 역량뿐만 아니라, 안팎에서 공감, 협상, 협력, 협업 등의 능력이 강조된다. 그만큼 신뢰를 바탕으로 이해관계자 간 조화를 이룸이 요구된다.

자기경영을 잘하기 위해서는 유연한 사고로 하드웨어, 소프트웨어, 휴먼웨어 자원의 균형있는 관리가 필요하다. 그러므로 자신이 지닌 소양과 역량을 잘 인식하고 이들 자원이 양립되도록 부단히 연구해야 한다. 양손에 아무리 좋은 자원을 들었더라도 부조화不調和를 이루거나 이해관계자와 원활한 소통이 불가하다면 여러 제약과 한계를 몸소 맞닥뜨릴 수밖에 없다. 휴먼웨어 관리와 실천은 곧 자기경영의 디테일과 완성도를 보인다. 따라서 균형감과 조정력, 커뮤니케이션 능력을 계속 발전시켜야 한다. 삶에 성실한 태도로 임하며 신뢰와 매력을 쌓고, 유능한 플레이어player로 성장해, 독립적으로나 협업을 통해 윤리적 가치를 실천하는 것이야말로 진정한 자기경영의 완성이다.

예전 만화책이나 영화의 악당들은 보유한 자원을 잘 활용하고 새로운 자원을 적극 탐색했으며, 전략을 모의했다. 비록 나쁜 짓이지만 협력과 통제에 능했다. 특히 목표를 향한 도전과 다툼의 과정에선 선제적이고 끈질기게, 여러 대안을 투입하며 포기하는 법이 없었다. 하지만 반대 측 주인공인 영웅은 매번 주변의 오해와 비난을 받으며 이렇다 저렇다 말도 없이 외롭게 혼자 싸웠다. 그것도 갑자기, 사후적이었다. 하지만 시대 변화를 반영한 탓일까? 최근 만화나 영화에서는 팀 단위로 협업 또는 연합하여 조화로운 시스템 운영과 역할 분담을 통해 악당에 맞서 효과적·효율적으로 싸우는 모습을 볼 수 있다. 그리고 끝내 악당을 소탕하고 정의를 바로 세운다. 이처럼 자원의 유기적 연결과 구성, 양립, 조화, 조율, 소통은 결국 시대를 반영하며 사람의 몫으로 남는다.

---

### 양손잡이 자기경영(통제와 개선 편) 체크포인트 3

▶ 내가 보유 중인 휴먼웨어 자원은 무엇인가?

▶ 나는 휴먼웨어 자원을 어떻게 관리하는가?

▶ 성장과 발전을 위해 추가로 요구되는 휴먼웨어 하위 자원은 무엇인가?

# 08

시그널과 노이즈를
구별하여 피드백하자

나름의 자기경영을 시작했다면 이후 제대로 된 관리가 필요하다. 이에 대한 방안으로 목표와 부합되게 프로세스와 시스템의 꾸준한 관리와 개선이 필요하다. 자명하게도 관성, 유혹, 저항, 부하 등 부정적 상황에 맞서 큰 힘을 투입해야 하는 지점이 생각보다 많을 것이다. 따라서 교육·훈련·학습 과정에 참여하거나 컨설팅, 멘토링, 코칭 등 다양한 지도 과정을 통해 얻은 시사점을 자신에게 내재화하는 과정이 필요하다. 체계와 절차에 관한 현행화, 안정화, 내재화, 고도화 등은 과제를 수행하는 방식과 개인의 습관, 태도를 나은 방향, 바람직한 방향으로 변화시키는 데 매우 유용하다.

내재화는 습득한 지식과 경험을 자신의 일부로 만들고자 재구성하고 실천하며 개선하는 활동이라 할 수 있다. 개선은 기존의 처리 방식과 습관, 여러 행태를 분석하고, 면밀한 접근을 통해 효과적·효율적으로 상황을 변화시키는 일이자 보완 조치의 과정이다. 개선을 위해선 일상이나 과업에 대해 문제 인식을 갖고 비판, 분석하는 힘을 갖추어야 하며, 불합리하거나 비효율적인 요소를 발견하고 한정된 시공간 안에서 시정하는 능력을 길러야 한다. 인간의 직감, 예감, 휴리스틱 등에 의존하기보다는 정량적·정성적 데이터를 균형되게 활용하여 보다 체계적인 전략 이행과 의사결정을 해야 한다. 여기에 덧붙여 변화하는 환경 속에서 새로운 방식을 수용하고 적용할 수 있도록 적응력과 유연성도 함께 키워야 한다.

내재화는 알고 있다는 착각을 버리고 학습한 내용을 이해하는 수준을 넘어, 반복하여 실천하고 습관화함으로써 상황에 따라 자연스럽게 반응하는 단계까지 나아가는 과정이다. 내재화를 위해서는 새로운 개념이나 기술 수용을 꾀하여 지속된 관심을 가져야 하며, 연습하고 활용하여 몸에 익숙해지도록 해야 한다. 이때 꾸준하고 반복적인 실천이 매우 중요한 데, 학습한 내용을 자신의 스타일과 자신만의 방식으로 목표와 환경에 맞게 최적화하여 적용해 보는 것이 포인트다. 또한 일정한 주기로 자신의 습관과 역량을 점검하고, 잘못된 부분을 시정하거나 부족한 부분을 보완 조치하는 과정이 필요하다. 결국 지속적인 시스템 개선을 통한 안정화, 내재화, 고도화의 선순환이 바로 자기경영의 핵심이다.

어떤 정보가 필요하고, 어느 정보에 타당성과 신뢰성이 있는지 분별하는 것이 중요해진 요즘은 세상의 변모가 던지는 신호와 메시지가 다양하다. 이에 개인이 전환과 진화를 거듭하며 성장하기 위해서는 그만큼 해야 할 일들이 많다. 우선 **활용과 탐색, 소양과 역량 등의 자원에 대한 선택과 집중이 필요하다. 이를 통해 두려움과 걱정 수준을 낮추고 의연하게 변화와 혁신의 흐름에 올라타 미래를 지향해야 한다.** 세부적으로는 하드웨어, 소프트웨어, 휴먼웨어 자원의 각 구조와 하위 구성을 이해해야 할 것이다. 배경과 형상, 숲과 나무를 살피듯 세분화, 통합화 과정을 유연하게 통제하며 시스템적 사고와 내재화를 통해 자기 계발과 자기경영을 지속하는 것이야말로 성공적인 삶을 위한 밑거름이다.

누구나 작은 쪽배로 물에 나서지만, 자신의 성장과 발전, 보이는 세상과 기대의 크기만큼 어느새 달라진 환경에 맞서 언젠가 함선이나 잠수함이 필요할 수도 있다. 그러기 위해서는 자기경영을 통한 시스템을 운영하며 피드백을 챙기는 일에 유연해야 한다. 특히 **외란 속에서도 시그널과 노이즈를 구분할 수 있어야 하며, 신호를 소음으로 착각하는 일이나 혼선이 없도록 주의가 필요하다.** 또한 자기경영 체계에서 채찍효과bullwhip effect[62]와 같은 유입 정보의 왜곡은 없는지, 환경의 영향력은 어떤지 등을 늘 살필 줄 알아야 한다.

---

**62** 하위의 정보가 상위로 전달되면서 단계마다 정보가 왜곡되어 변동성이 커지는 현상.

## 양손잡이 자기경영(통제와 개선 편) 체크포인트 3

▶ 나는 나에게 적합한 시스템을 운용 중인가?

▶ 나의 시스템 응용 체계 및 융합은 어느 정도의 수준인가?

▶ 자신의 성장과 발전의 정도를 고려하여 시스템을 개선 중인가?

# 09

## 변화 속에서도
## 개선점을 발견해야 한다

'양손잡이 자기경영'의 콘셉트를 앞서 소개하면서 양손 각각에 관한 역할과 하위 자원을 살펴보았다. 하지만 많은 사람들이 자신의 게으름, 미숙함, 실수를 인정하지 않으려 남 탓, 핑계, 변명을 찾는 사이, 정작 자신이 가진 자원을 알아보지 못하고 놓친다. 어렵게 모은 보물이 모래 알갱이처럼 손가락 사이로 미끄러져 나가듯 조급함과 무지가 결국 빈손을 만들어 낸 격이다. 진정한 '양손잡이 자기경영'을 위해서는 다시 한 번 양손의 역할을 재발견하고 자원의 양립을 조율해야 한다. 이를 위해서는 통제, 개선, 관리, 변화, 전환 등을 거듭하면서 동시에 안정화를 모색해야 한다. 마치 천칭天秤이나 양팔 저울의 중심을 잡아 균형추를 맞추듯 양손에 쥔 서로 다른 자원꾸러미를 각각 조정, 수정, 보완해야 한다. 또한 저울의 측정 범위가 넓어지고 분해능分解能이 향상되어, 정확하고 정밀해지는 과정을 반복함으로써 유연한 변화 대응과 전환관리로 개선에 이르는 자신을 발견할 수 있다.

어떠한 자리든 '바꿔 보자.', '변화하자.', '문제를 찾자.', '개선하자.'라고 발언하면, 의자의 등받이를 젖히며 몇몇 사람들이 이렇게 말한다. '아니 그냥 뭐 이렇게 살면 되지 꼭 그렇게까지 해야 할까요?', '너무 나서서 힘 뺄 필요는 없을 것 같아요.', '그래 봤자 다시 원래 자리로 돌아올 텐데, 뭐 하러 그런대요.', '난 지금 이대로도 좋은데 그게 뭐라고 굳이 그럴 필요가 있을까요?'라고 말이다. 저마다 추구하는 성향과 스타일이 있고 삶의 가치관이 다르므로 틀린 말이라고 볼 수는 없다. 하지만 그렇다고 맞는 말도 아니기에 그런 모습을 지켜보는 전문가는 안타까울 뿐이다. 그래도 그들을 이해해 보려고 노력하며 소수의 의견도 존중하려 애쓴다. 하지만 이런 말들이 모임, 단체, 조직 내에서 아무렇지 않게 나오고, 미온적인 태도가 지배적이거나, 남 일처럼 무관심한 분위기라면 그건 문제다. 혹여 아무런 점검도 필요 없을 만큼 내성을 보인다면 그때는 정말 심각한 문제로 재인식해야 한다. 입장을 달리하여 만약 당신이 그곳의 리더라면 이 같은 관리자나 구성원을 계속 신임할 수 있을까?

세상은 끊임없이 변하고 있다. 혁신이 아니더라도 거의 모든 영역에서 변화를 겪는다. 안타깝게도 필연적인 움직임과 기조에 적응하지 못하는 개인과 조직은 중·장기적으로 경쟁에서 밀려나거나 도태된다. 자기경영을 위해서는 변화 속에서 기회를 포착하고 배움을 자신의 성장과 발전의 동력으로 삼는 능력을 요구한다. 큰 틀에서 변화는 외부 환경이나 상황의 변화 자체를 의미하지만, 전환은 변화에 대한 내면적 반응과 적응의 과정을 포함한다. 즉, 변화가 외부에서 발생하는 것이라면, 전환은 스스로 변화의 의미를 해석하고 자신의 방향과 속력을 결정하는 과정이다. 예를 들어, 직장을 잃은 것은 변화이지만, 이를 새로운 기회로 받아들이고 이직이나 창직 또는 창업 등 다른 경로를 모색하는 것은 전환에 해당하는 것이다.

전환의 과정에서 가장 중요한 것은 자기 인식과 유연성이다. 변화는 때때로 예측할 수 없고 통제할 수 없는 방식으로 불쑥 찾아오지만, 이를 어떻게 받아들이고 대응하는지는 온전히 개인의 선택에 달렸다. 성공한 사람들은 변화에 휩쓸리기보다 상황을 이해하여 활용할 방법을 모색한다. 필요하다면 과감한 의사결정을 내리기도 한다. 아이들이 보는 만화로 된 위인전이나 박물관의 기록물을 보더라도 역사적으로도 위대한 혁신가와 리더는 모두 변화 속에서 기회를 발견하고 전환을 통해 자신의 길을 개척했다.

지렛대 원리와 같이 변화를 다루면서 전환을 효과적으로 이루기 위해서는 큰 꿈과 함께 명확한 목표 설정과 실천력이 필요한데, 성장과 발전에 대한 마음가짐 또한 필수 요소이다. 급변하는 시대에는 과거의 성공 방식이 더 이상 유효하지 않을 수 있다. 따라서 묵은 때, 닳고 닳은 태도, 어떠한 자극에도 아무렇지 않은 듯 반응하지 않는 관성을 벗어야 한다. 의도적으로라도 새로운 사람을 만나거나, 기술을 익히고, 다양한 경험을 쌓으며, 열린 사고방식을 유지하는 것이 중요하다. 이러한 태도는 변화에 대한 두려움을 줄이고, 오히려 변화 속에서 자신을 더욱 발전시키는 계기가 된다.

**변화는 시기와 강도가 다를 뿐, 누구에게나 공평하게 찾아오지만, 이를 어떻게 받아들이고 활용하느냐에 따라 미래의 모습은 확연히 다르다.** 변화에 맞서 두려움이나 우려를 낮추고, 탄력적인 전환을 통해 자신의 삶을 스스로 설계하는 자세가 필요하다. 변화의 물결 속에서 주체적으로 방향을 정하고 나아갈 길을 가늠하는 사람만이 지속적인 성장과 발전을 경험하게 되고, 값진 학습을 통해 간절히 원하는 성공을 멋지게 이룰 수 있을 거다. 어떠한 상황에서든 변화를 받아들이고 개선점을 찾아 보유 자원으로 전환을 능숙하게 다루는 사람만이 진정한 성공을 거둘 수 있다.

---

### 양손잡이 자기경영(통제와 개선 편) 체크포인트 3

▶ 나는 변화를 기다리는 편인가?, 다가서는 편인가?

▶ 나는 변화와 혁신에 있어 어떠한 리더십을 갖추고 있는가?

▶ 나는 문제와 개선을 위한 전환을 잘 다루는가?

---

# 5장

## 가치와 혜택

**이해관계자에게
긴요한 일손**

"작금의 세상은 안팎에서
이해관계자 중심으로의
대전환이 일어나고 있다.
이제는 이익을 넘어 유의미한 효용과
혜택이 담긴 공동의 가치가 필요하다."

# 양손잡이 자기경영 가이드라인
## 제5장 가치와 혜택 편

5장은 삶의 가치를 장기적 관점에서 바라보는 중요성을 강조하며, 이해관계자에게 유의미한 성과와 방향성을 제시합니다. 먼저, 인생의 진정한 '보물'을 스스로 정의하고 과감히 탐색하는 태도를 권합니다. 아울러 인적자원과 네트워크를 체계적으로 관리하는 능력이 필요함을 강조합니다. 관계는 단순한 연결이 아니라 '소통'과 '상호작용' 속에서 진정성을 통해 형성됨을 상기시키며, 교류와 공유를 통해 가치를 노출, 전파할 수 있는 역량이 중요함을 다룹니다. 마지막으로, 단기적인 이익이나 즉각적인 만족에 머무르지 않고, 이해관계자와의 장기적 가치 창출을 바라볼 것을 제안합니다. 이를 통해 개인은 더욱 매력을 갖추고 지속 가능한 존재로 성장합니다. 단순한 감정적 만족을 넘어 실질적 효용과 혜택을 만들 수 있도록 진정한 가치 성과와 성취를 돕습니다.

▶ 지속 가능한 성장과 발전을 위해 무엇을 보태야 하는지

▶ 나의 멘토를 찾아 곁에 두고 있는지

▶ 휴먼네트워크를 어떻게 관리하고 있는지

▶ 인간관계에서 나의 진정성과 꾸준함은 어느 정도인지

▶ 이해관계자와의 의사소통 능력은 어느 수준인지

▶ 가치 있는 유 · 무형의 것을 다른 사람과 나누고 있는지

▶ 사람들 사이에서 나름 매력적인 인재인지

▶ 내가 지닌 가치투자 철학은 무엇인지

▶ 추구하는 이익과 혜택의 양립을 위해 무엇을 하는지

# 01

## 소풍 같은 인생에
## 보물찾기 시간이 왔다

어느 인디언 부족은 성인이 되는 자녀들을 대상으로 치르는 고유의 의식이 있다고 한다. 넓고 울창한 옥수수밭 앞에 서서 고랑을 선택하게 하고 안으로 들어가 한참을 지나 반대편 끝으로 나오는 것인데 여기에는 미션 하나가 더 있다. 밭고랑을 지나면서 가장 크고 잘 여문 옥수수 한 개를 따서 나오는 것이다. 단, 선택한 고랑을 벗어날 수도, 지나친 길을 되돌아갈 수도 없으며, 단 한 개의 옥수수만 선택할 수가 있다. 어떠한 결과가 나왔을까? 커지는 욕심과 막연한 기대로 인해 확실한 걸 움켜쥐기란 쉽지 않은 일이다. 누군가는 놓친 기회를 아쉬워하고 후회할지 모른다. 인생도 타이밍과 선택을 고려한 의사결정이 중요하다. 다들 '최고'를 외치지만 '최선'의 판단을 통해 결과를 인정하는 책임감 그리고 확신이 필요하다.

세상일에 있어 완벽한 사람은 없다. 따라서 완벽하지 못함은 잘못이 아니다. 애초에 미흡한 부분이나 부족함이 있었을 수 있으며,

시간차를 두고 결점이 드러나거나 실수도 없지 않을 것이다. 자기 경영의 일환—環이 아니더라도 선한 영향력을 직·간접적으로 주고받을 수 있는 사람이 곁에 있다면 그건 크나큰 행운이다. 사람은 누구나 환경과 상황마다 타인과의 이해관계를 파악하고 동시에 연결의 강도와 나름의 거리를 적절히 유지하며 살아간다. 그러므로 **평소 사람에 대한 안목을 키우고 우호적 관계를 형성해 꾸준히 관리해야 한다.**

우리 사회의 많은 문제들이 사람들로 인해 야기되지만 좋은 일, 희망적인 일들 또한 사람들이 만든다. 사회가 제공하는 다양한 기회의 중심에는 인간관계 속 여러 접점이 있기 마련이다. 따라서 관계관리는 문제해결이나 개선 과정의 단서이자 유용한 자원이 된다. 과거는 그렇다 치고 지금부터 만나는 사람을 보물로 바라보며 귀인처럼 여기고 살펴야 한다. 이 같은 관점은 자신의 시야를 넓히고 깊은 통찰력을 자극하며 삶의 가치관과 같은 내면의 형성과 성장을 촉진하는 기제가 된다. **안타깝게도 좋은 사람은 그냥 찾아지는 법이 없다. 고충과 품삯이 든다는** 뜻이다. 기대와 실망, 이해와 오해 사이 배우고 깨치는데 드는 수업료가 제법 있을 수 있다. 또한 서운함이나 마음의 상처에 바르고 붙일 위로의 약값도 들기 마련이다.

"호랑이를 잡으려면 호랑이굴에 들어가라.", "부자가 되고 싶으면 부자를 만나 물어라."라는 말이 있다. 우선 마음을 열고 상대에게 다가가는 여러 노력이 필요한데, 이때 인간미와 진심 그리고 약간의 관계기술을 갖추면 꽤 효과적이다. 예를 들면, 전문성 있는 세미나, 취미 관련 동호회, 그 밖의 관심사에 따른 커뮤니티에 참여하여 지향점과 가치관이 통하는 사람들과 교류하는 방법이 있다. 그런가 하면, 평소 존경하는 인물이나 각자의 분야에서 성공한 사람을 찾아 관계를 맺는 기회를 만들 수도 있다. 적극적인 접근을 기반으로 성장과 발전을 지향하는 사람들을 찾아 이들과의 관계를 통해 자신의 자세와 태도를 성숙하게 할 수 있다. 이때 단순히 자신의 이익을 앞세운 이용 목적의 관계가 되어 선 곤란하다. 무엇보다 상호작용이 가능한 양방향의 순환적 관계 형성이 우선이다. 관계의 핵심은 간단하다. 자료나 정보를 교환하거나 마음과 생각을 공유할 수 있는 진정성이 담긴 인간관계를 지속적으로 형성하는 것이다.

균형 잡힌 모습으로 다양한 사고를 지닌 사람들과 어울릴 줄 알길 바란다. 인공지능 시스템이나 포털 사이트에서의 단편적인 질의응답식 대화보다는 현장에서 본받을 점이 있는 사람을 찾아 다가서고 부딪혀 느끼고 함께 배우며 성장하길 바란다. 알게 된 사람, 만나는 사람은 모두 이제부터 당신의 보물이다. 그리고 보물을 어떠한 가치로 매기고 어떻게 관리하고 활용하는지는 여전히 당신의 몫으로 남는다. 어린 시절 학교 소풍에서 보물찾기하던 설렘과 노력으로 앞으로 만나는 사람을 보물처럼 여겨보자. 당신의 인생에서 언젠가 귀인貴人이 나타날 것이 분명하다. 혹여 지금 당신이 망설이고 있다면 마음속으로 '하나', '둘', '셋'을 세고 당장 진심을 챙겨 보물을 찾아다녀 보는 편이 낫지 않을까?

　내가 표현하지 않으면 아무도 나를 온전히 이해할 수 없고, 그저 가만히 있다면 어떠한 도움도 받을 수 없음은 당연지사다. 시간에 쫓기며 험한 세상을 살아 보니, 절실한 도움이 필요할 때 도와주는 이 없고, 진심 아닌 말뿐인 격려를 참 많이 본다. 거저 얻어지는 것은 없고, 얻는 게 있으면 잃는 것이 있고, 좋은 게 있으면 좋지 않은 점도 있다는 당연한 것을 매번 따갑게 배운다. 혹여 보물찾기에 관심이 없다면 사람의 필요성과 소중함을 얼마나 더 많은 시간과 큰 비용을 들여 깨달으려 하는지.

> **양손잡이 자기경영(가치와 혜택 편) 체크포인트 3**
>
> ▶ 내가 보유한 인적 보물은 누구인가?
> ▶ 내가 보유한 물적 보물은 무엇인가?
> ▶ 난 앞으로 어떠한 보물을 찾아 나설 것인가? 그 이유는 무엇인가?

# 02

## 까불지 말고 지금 당장
## 멘토를 찾아라

삶의 목표가 있고 없고를 떠나 세상을 살아가는 일은 결코 쉬운 일이 아니다. 따라서 우리는 삶을 관통하는 지혜와 혜안을 얻는 데 인색해선 안 된다. 자기경영을 위해 자기 계발서 한 권을 읽는 것만으로는 부족하다. 중요한 건 이론에 그치는 게 아니라, 실천하는 것이기 때문이다. 바로 이 두 가지가 멘토mentor를 찾아 나서야 하는 이유이다.

험난한 길을 지나 저 멀리 높게 솟은 산을 오를 때, 셰르파Sherpa는 매우 중요한 역할을 담당한다. 셰르파는 포터porter와 같은 짐꾼이자 길잡이이며, 때로는 힘든 여정 안에서 든든한 조력자이자 세심한 동반자가 되기도 한다. 자기경영은 생애주기와 인생의 경로에 나름의 의미를 부여하고, 가치를 찾아 길을 나선다는 점에서 셰르파와 같은 존재와 역할이 필요하다.

자기경영이 빛을 발하기 위해서는 자신을 스스로 통제하거나 바꾸려 애쓰는 노력 외에도 변화 대응과 목표 관리가 필요하다. 이를 위해서는 자신을 일깨우고 도약시켜 줄 수 있는 조력자와 연결되어 있어야 한다. 경험과 지혜를 갖춘 멘토의 근접거리 영향력은 매우 효과적이다. 여기서 멘토는 가르치려고만 들거나, 잔소리를 퍼붓는다거나, 지적질이나 마구 해대는 어른이 아니다. 조언자로서 결정적 순간에 충고와 함께 방향을 제시하고, 뭣도 모르고 덤비듯 도전하는 일에서조차 시행착오를 줄일 수 있도록 가드펜스guard fence 역할을 한다. 궁극적으로 지속 가능한 성장과 발전을 돕는 존재인 것이다. 어찌 보면 사회 자본이자 전략 자산의 관계이기도 하다. 따라서 자기 계발과 경력 개발은 물론 인생 여정의 전 과정에서 멘토의 역할은 매우 중요하다. 개인은 이를 적극적으로 활용함으로써 불안과 부담, 위험과 리스크risk를 줄이면서 자기경영의 효과를 극대화할 수 있다.

인생은 수많은 미로, 기로 앞에서 마주하는 끊임없는 선택의 연속이며, 그 의사결정의 결과는 활동 범위와 삶의 질을 좌우한다. 특히 개인의 성공을 위한 자기경영에서는 기막힌 타이밍과 현명한 선택이 매우 중요하다. 혼자의 힘으로 모든 것을 계획하고 처음부터 끝까지 도맡아 실행하는 일은 때로 비효율적일 수 있다. 심지어 정처 없이 맴돌거나 뜻하지 않게 긴 시간을 방황할 수도 있다. 이때 필요한 것이 같은 시대를 살아가며 배울 점이 있고 소통이 가능한 인물, 바로 '멘토'이다. 멘토는 동시대를 함께하지만 이미 다양한 길을 걸어봤고 단맛 쓴맛 떫은맛까지 인생 굴곡을 몸소 경험해 본 사람이다. 준비가 부족하거나 미숙한 점이 많은 상황에서 멘토의 조언은 가르침이자 나침반의 역할을 한다. 우리에게 멘토가 필요한 이유는 멘토의 이론적 지식과 다양한 이해관계는 물론, 성공 · 실패 사례 등의 실무경험을 바탕으로 현실적이고 명확한 목표를 설정하는데 유익하기 때문이다. 그뿐 아니라, 예상치 못한 위험 · 위기를 멘토의 통찰 · 혜안을 빌어 다양한 제약이나 한계점에 맞서거나 부딪힐 수 있는 용기를 얻을 수 있다. 또한 문제 인식과 접근, 해결과 개선 과정에서 여러 방해를 회피하거나 극복하며 시행착오를 줄일 수도 있다. 진솔하고 애정 어린 피드백을 통해 당신이 길을 잃지 않고 진도를 조율하며 바람직한 방향으로 나아가도록 돕는다. 무엇보다 멘토의 심리적 지지와 격려는 자기경영의 동력을 유지하거나, 때마다 필요한 환기와 집중에 큰 도움이 된다.

멘토의 직 · 간접적 영향을 통해 새로운 모임에 초대받아 합류하거나 관련 분야에 한 발 더 들어가 활동하며, 보다 넓고 두터운 네트워크를 형성해 다양한 기회를 만들 수 있다. 훌륭한 멘토를 탐색하고 찾아 서로를 진심으로 연결한다는 건 여간 어려운 일이 아닐수 없기에 그 어느 때보다 큰 노력과 공을 들여야 할지도 모른다. 존경하는 인물이나 나름의 분야에서 성공한 사람 등 닮고 싶은 롤모델role model을 찾아 직접 접점을 만들거나 관계 형성의 기회를 만드는 방법이 있다. 그런가 하면, 공통된 관심사에 바탕에 둔 세미나, 스터디 모임, 강연 등 관련 네트워크, 자기 계발 모임 등에 참여하여 가치관이 맞는 멘토를 찾을 수 있다. 멘토와 멘티mentee는 단순히 더하기 빼기 식의 이익 관계가 아닌, 서로에게 도움이 될 수 있는 신뢰 기반의 진정성 있는 관계를 형성해야 한다. 멘티는 멘토를 비롯하여 성장 지향적인 사람들, 긍정적이고 발전적인 사고를 지닌 사람들과 교류함으로써 보다 바르고 빠르게 성장할 수 있을 것이다.

주위를 둘러보면 도움을 구하는 데 어려움을 겪는 사람들이 많다. 어쩌면 자신의 고민과 속내를 허심탄회하게 드러내지 못하고 있는지도 모른다. 시대가 달라졌다고는 하나 예전처럼 선생이나 선배, 선임에게 찾아가 질문하고 조언을 구하며 문제에 접근하려고 노력하기보다는 다들 인터넷에서 자신이 찾는 답안을 건져 올리려고만 한다. 온라인상의 소셜네트워크서비스social network service; SNS를 통한 불특정 다수나 대화형 인공지능서비스에 의존하기보다 함께 생각할 수 있는 멘토, 답을 찾아 나서는데 진동과 자극이 되는 멘토가 가까이 있다면 얼마나 좋을까? 멘토링 프로그램을 적극 활용하는 것은 이미 자기경영의 핵심 전략 중 하나가 되고 있다. 자신의 소양과 역량을 갖추고 유기적 결합과 밸런스를 갖추는 데 도움을 주는 멘토를 찾아다니는 것은 자기 계발의 필수 과정이자 자기 자신에게 주는 뜻깊은 선물이 될 수 있다. 적어도 당신을 도울 한

명의 멘토가 세상 어딘가 있다. 멘토를 찾고 말고는 당신의 몫이지만 이제부터라도 딱한 결정을 내리지 않길, 후회되는 결정을 줄이길 바라는 마음에서, 고개를 들고 눈을 크게 뜨길 바란다.

---

### 양손잡이 자기경영(가치와 혜택 편) 체크포인트 3

▶ 나에게 인생 멘토가 있는가?

▶ 자기경영에서 멘토가 필요한 이유는 무엇일까?

▶ 나는 어떠한 멘토를 어떻게 어떻게 찾을 수 있을까?

# 03

## 휴먼네트워크로
## 인재와 인맥을 관리하자

당신이 보물 같은 사람을 만났다면 관계 확장과 관리 차원에서 유대紐帶의 질과 지속성은 핵심 요소가 된다. 안으로는 기존의 인간관계를 효과적으로 관리하고, 밖으로는 끌림이 있는 인맥과 인재를 찾아 새롭게 관계를 형성하며 조율하는 노력이 요구되기 때문이다. 물론 사회적 물의가 될 수 있는 유착癒着이나 부정한 의도가 담긴 불공정한 거래는 사라져야 할 것이다. 자신의 역량을 극대화하기 위해 철저한 자기관리는 물론 인적 자원의 확보와 구조화를 바탕으로 외부의 다양한 경로와 연결되는 휴먼네트워크 체계가 필요하다. 인적 관계망關係網을 통해 목표와 기대성과에 유용한 자료와 정보를 얻을 수 있고 다양한 기회와 위기 상황에서 유연한 대응이 가능하기 때문이다.

온당한 휴먼네트워크를 위해서는 인적자원관리 즉 조직이나 기업, 기관이 아니더라도 자신의 역량을 강화하는 과정이 포함되어야 한다. 이는 자기 자신을 하나의 조직으로 보고, 개성, 태도, 문화, 소통 등 체계적인 통제와 관리가 필요하고 중요하다는 것을 의미한다. 따라서 자신의 강·약점을 정확히 파악하고, 이를 충분히 활용할 수 있는 대안을 찾아야 한다. 또한 깊이 있는 탐색을 통해 새로운 지식을 갈구渴求하고 연결과 확장이 가능한 경험을 쌓으며 역량을 관리해야 한다. 여기에 효과적인 관리로 시간, 비용, 에너지의 불필요한 소모와 낭비를 줄이고, 우선순위 목표에 집중하는 능력이 요구된다. 그렇게 사람들 앞에 나설 준비가 되었다면 이제 휴먼네트워크 상에서 접점을 파악하고 구조화된 연결고리를 구성하면 된다. 혼자의 노력만이 아니라 외부의 다양한 연결과 교류를 활용해야 한다. 물론 같은 사람인데도 자석처럼 달라붙고, 자석처럼 밀어내는 관계도 있을 것이다. 중요한 건 다양한 접점을 통해 기회를 얻고, 새로운 자료와 정보를 활용해 각계의 사람들과 연결될수록 더 유용한 접점을 이을 수 있어야 한다. 예를 들어, 이론적 배경이 탄탄한 사람, 실무적 경험이 많은 사람, 그 밖에도 정보력, 적격성, 사교성, 확장성을 갖춘 사람과의 관계 형성이 필요하다. 관계관리를 기반으로 실수와 시행착오를 줄이다 보면 더 나은 방향으로 나아갈 수 있으며, 긍정적 관계를 통해 동기부여와 심리적·정서적 안정에 도움이 되기도 할 거다.

인간관계를 통해 인맥을 형성한다는 것은 단순한 친분을 이루거나 사람을 많이 아는 것 같은 양적 관계만이 아니다. 즉 상호 신뢰를 기반으로 하는 질적 관계를 누적의 형태로 선도를 유지하며 구축해가는 것과 같다. 단순한 일방통행의 관계를 넘어 서로에게 도움이되는 진정한 양방향 순환 관계를 만들자. 이를 위해 단편적·단기적 접촉 관계에 그치지 않는 밋업데이meet up day, 네트워킹 이벤트, 그 밖의 커뮤니티 활동들이 필요하다. 이때 다양한 사람들과 소통하면서 공감하고 존중하는 게 중요한데, 상대에게 관심을 가지며편안함이나 유익한 가치를 먼저 제공하는 것이 관계를 지속 유지하는 첫걸음이 될 수 있다.

마케팅, 브랜딩에서와 마찬가지로 관계관리에서의 핵심은 차별화이다. 또한 가치 제공과 혜택을 통해 대상의 기대를 찾아 일치된만족을 추구하는 데 있다. 인맥 관리 또한 사회적 교환관계와 인간미를 포함한다고 볼 수 있으므로 소양과 역량을 체계적으로 관리해야 한다. 멀거나 가까운 연결, 약하거나 강한 연결, 단순하거나 복잡한 연결과 구성을 통해 긴요한 시점에 별처럼 빛나는 휴먼네트워크, 가치 있는 별자리를 만들어야 한다. 상호 바람직한 영향을 미치고 신뢰할 수 있는 유의미한 네트워크를 형성하는 게 핵심이다. 따라서 현명하고 조화롭게 인맥을 관리한다면 어떠한 방식이든 당신의 성장과 발전을 도울 것이며, 성공과 행복을 찾는 여정의 가시화를 통해 과정은 순조로울 거다. 휴먼네트워크 상의 여러 접점에는다양한 관계 기능이 작용하는데 파트너, 서포터, 동반자 등이 있다. 당연한 말이지만 휴먼네트워크의 완성은 자신 또한 누군가의 보물이

자 좋은 인맥 혹은 필요한 인재일 때 가능한 일이라는 점을 명심하자.

> ### 양손잡이 자기경영(가치와 혜택 편) 체크포인트 3
>
> ▶ 내겐 어떤 가용 인맥이 있는가?
>
> ▶ 다른 사람들에게 나는 어떠한 인재인가?
>
> ▶ 나의 휴먼네트워크와 관계 자산은 양적, 질적으로 어떻게 성장하는가?

## 04

# 관계관리에
# 진정성과 꾸준함이 보이는가

성공자의 길로 나아가고 있거나 진정한 성공을 이룬 사람들의 성장 스토리와 발전 과정을 들여다보자. 그들은 평범한 듯 보이지만 매사 참신한 기획과 차별화된 전략을 세운다. 이어 목표에 대한 남다른 애착과 집념으로 이해관계자를 고려해 요구사항을 해석할 줄 안다. 특히 인간미가 묻은 진심, 정성이 내재화되어 있음을 알 수 있다. 인간으로서의 진정성은 관계를 형성하고 신뢰를 돈독하게 하는 핵심 요소이며, 개인뿐만 아니라 조직과 사회 전체의 성장과 발전에 긍정적인 영향을 미친다.

진심은 눈앞의 성과나 이익 창출로 비출 수 있는 것이 아니라, 과제나 과업에 대한 용기와 열성, 신념이 깔린 동기부여가 작용해 가치와 혜택을 관리함으로써 밖으로 내비친다. 성공한 기업가들의 사례를 살펴보면, 고객은 단순히 제품이나 서비스를 소비하는 것이 아니라, 그 안에 담긴 기업의 가치와 철학을 경험한다는 공통된 통찰을 얻을 수 있다. 진심과 정성으로 이루어진 노력은 기존 고객의 이탈을 방지하고 신규 고객을 유입시키며, 단골과 충성 고객을 형성함으로써 브랜드 가치를 강화한다. 다양한 경영 리스크에 대응하기 위해서는 진정한 관심과 책임감이 필요하며, 자신과 이해관계자에게 진솔하게 대하는 자세가 요구된다. 더 나아가 문제를 회피하기보다 이해관계자의 관점에서 근본적인 해결책을 찾고자 접근하는 용기와 리더십이 필요하다. 이러한 태도가 개인, 조직, 기업의 신뢰를 높이고, 지속 가능한 경영을 실현해 준다.

이용이라는 말이 나쁜 의미만 있는 것은 아니지만, 진심이 없이 다른 사람을 자신의 이익이나 욕심을 채우는 방편으로만 사용하는 것은 결단코 바람직하지 않다. 진심은커녕 관심과 이해조차 없이 사람을 이용하는 것은 성공자가 되고자 한다면 반드시 지양해야 할 부분이다. 자기경영을 넘어 조직, 기업, 사회에서 성공을 겨냥하게 되는 시점이 오면 다양한 이해관계자와의 소통과 갈등관리를 바탕에 둔 협동과 협업은 선택이 아닌 필수가 된다. 그때 자신의 역할과 공동의 목표를 향한 진심 어린 태도는 상대방에게 신뢰를 주고, 지속적인 관계를 도와 신의 기반의 인연을 형성할 수 있게 한다. 내부에서든 외부의 관계에서든 평소 진심으로 상대를 대하는 태도는 강한 유대감과 친밀감을 형성하고 효과적인 파트너십 또는 좋은 팀워크를 이끌기 내기 마련이다. 진심이 담긴 마음과 태도는 결국 긍정적인 후광효과를 발휘하며, 주변 사람들에게도 선한 영향을 미치고, 더 나은 관계 문화와 사회 가치를 창출하고 확산하는 데 힘을 싣는다.

상대에게 마음이 잘 전달되도록 하는 것이 쉬운 일은 아니지만, 거짓 없이 정직하게 상대하다 보면 자연스럽게 신뢰가 생겨난다. 또한 자기 생각과 상대방의 입장을 고려하여 균형 있는 사고를 살피는 습관은 관계의 접점을 넓히고 깊이와 질을 좋게 하는 데 도움이 된다. 말뿐만 아니라 공감하고 배려하는 태도, 일관된 행동과 꾸준한 실천이 모여 신뢰는 내재화된다. 그렇게 자신의 가치관과 목표에 충실하게 행동하면 할수록, 더욱 진정성 있는 삶을 살아갈 수 있을 것이다. 물론 지속성이 뒷받침되어야 한다. **진심은 자기경영의 가장 강력한 자산이며, 지속 가능한 성장과 발전, 장기적인 성공을 위한 필수 요소이다.**

진심,
진심은 무엇이고 얼마만큼이며, 어디까지 미치는 것일까?

양손 가득히 성공에 필요한 요소와 하위 자원을 집어 들었다 해도 내 손이 이해관계자가 필요로 하는 일손인지 다시 살펴보아야 한다. 지식과 경험으로 누군가를 도울 수 있고, 시간과 돈으로 사람들을 도울 수 있다. 하지만 자원이 있고 없고를 떠나 자기 것을 내어놓지 않는 사람도 많다. 다년간 지식서비스 분야의 일을 하면서 남다른 노력으로 자수성가한 인물들을 만나 주옥같은 이야기를 듣게 되는 행운을 얻는다. 하지만, 덕을 갖추고 겸손한 분이 있는가 하면, 더러는 교만과 오만에 빠져 미움을 받거나, 고장이 나버린 브레이크로 허우적거리다 끝내 쓰디쓴 실패를 경험하는 사람들도 심심치 않게 볼 수 있다. 작금의 시대는 이해관계자에 대한 바른 이해나 해석이 없이 단순히 혼자의 욕심을 위해 걸어가서는 곤란하다. 앞으로의 사회와 구성원은 지속 가능한 성장과 발전에 필수 요소인 가치나 효익을 우선하여 고려하기 때문이다. 마찬가지로 지속 가능한 자기경영을 위해서는 자기중심적 이익에서 이해관계자 중심의 혜택으로 가치전환이 요구되고 있다. 따라서 이해관계자들의 지각된 기대에 관심을 가질 필요가 있으며 만족도를 관리하면서 긍정적인 영향력을 외부로 돌릴 수 있어야 한다.

> ### 양손잡이 자기경영(가치와 혜택 편) 체크포인트 3
>
> ▶ 이해관계자에게 나의 진심을 어떻게 전달하고 있는가?
> ▶ 나는 어떻게 사람들의 신뢰를 얻고 있는가?
> ▶ 이해관계자와 나의 관계 품질은 어떠한가?

# 05

## 말만 하지 말고
## 소통을 해야 한다

끊임없이 치는 파도와 여파를 극복하며 내일로 순항하기 위해선 필요한 게 있다. 개인의 소양과 역량을 관리하는 것 외에도 이해관계자와의 효과적인 소통 능력을 갖추는 것이다. **여러 접점에서 공감하고, 사회 교환과 공유를 위한 표현과 설득의 과정은 원활한 커뮤니케이션을 위한 핵심 요소다.** 그리고 이는 자기경영의 리스크를 줄이고 생산성을 높이는 계기가 된다.

누구나 대화의 필요성과 커뮤니케이션의 중요성을 배워 알지만, 자신을 포함하여 깊이 있게 그 안을 들여다보고 생각해 본 사람은 너무 드물다. **소통의 출발점은 상대방에 대한 진심 어린 관심과 경청에서 시작된다.** 이후 상황과 사안을 고려해 공감을 표하는 방식으로 상대의 입장과 감정을 존중하는 건 신뢰를 쌓고 관계를 윤택하게 한다. 자기중심에 빠져 일방통행을 하듯 한 방향으로만 자기 생각을 쏟기보다는 상대방의 입장에 서려는 관점의 전환이 필요하다.

문서화가 된 정보나 대화 외에도 비언어적 표현인 시선, 표정, 자세, 제스처 등을 보태 공감과 존중을 표한다면 관계의 깊이를 더욱 강화할 수 있다. 또한 단순한 반응에 그칠 게 아니라 상대방의 의사 표현에 대한 정확하고 구체적인 피드백을 전하려는 의지도 소통의 질을 높인다.

말실수를 줄이고 자기 생각과 의견을 효과적으로 전달하며, 상대방을 만나 설득할 수 있는 능력은 자기경영에서 정말 중요한 요소이다. 때에 따라 복잡한 내용을 다루게 되더라도 본질과 핵심을 파고들어, 가능하면 간단명료하게 논리적인 짜임새로 키포인트를 전달할 수 있어야 한다. 감성적 접근이 필요한 상황과 논리적 접근이 필요한 때를 구분하는 센스와 함께 소통의 맥락에 부합되는 설득력이 필요하다. 메신저 같은 역할이나 챗봇 수준의 뺄 것은 뺀 의견 교환 등 가벼운 정보 전달도 있을 수 있다. 하지만 때로는 스토리텔링storytelling처럼 이야기 형식의 구성을 통해 상대의 공감을 얻는 것도 꽤 효과적이다.

**소통에서 중요한 것은 단순히 말하는 것에 그치는 게 아니라, 상대방의 감정과 의견을 바탕으로 논의를 잇고 전개하는 과정에 있다.** 이를 위해서는 상대방의 말을 중도에 끊지 않고 끝까지 경청할 줄도 알아야 하며, 필요한 지점에서 적절한 질문을 던지며 의견을 나누는 태도가 중요하다. 공평한 논의를 통해 다양한 의견을 수렴하고,

조율 과정을 거쳐 최적의 결론에 이르는 것이 효과적인 소통의 핵심이다. 자신의 의견을 주장하되, 타인의 의견을 무시하거나 조롱하지 않고 바람직한 방향을 향해 열린 자세로 대화와 논의에 임해야 한다.

소통은 개인, 조직, 기업, 사회에 이르기까지 모든 관계에서의 필수 도구이자 기초 역량이다. 자신과의 대화, 타인, 가정, 학교, 기업, 기관, 국가, 때로는 식물, 동물, 사물과의 소통 등 모든 범주와 대상을 포함한다. 따라서 표현과 전달에 필요한 듣기, 말하기, 읽기, 쓰기 등의 언어적 요소와 이해, 설득을 돕는 다양한 비언어적, 심리적 요소를 포함하는 소통력을 강화하는 것이 자기경영에 필수라 하겠다. 의견 교환의 다양한 방식과 여러 커뮤니케이션 도구를 활용하여 더 많은 기회를 얻으며 지속적인 성장을 이룰 수 있다. 그러므로 자기경영의 실행 과정에서는 적극적인 소통을 이어 가야 한다. 그러다 보면 넓은 바다를 향해 어디로 어떻게 나아가든 어느 순간 혼자가 아닌 여러 사람들과 같이하는 자신을 느낄 수 있을 것이다.

말에는 값이 있다. 하려는 말에 앞서 '해야만 하는 말'이 맞는지, '해선 안 되는 말'인지, '안 해도 되는 말'인지 숨을 고르고 한 번 더 생각하는 습관을 들이자. 허虛와 실失을 고려해 책임 있는 말을 해야 한다. 다들 자신의 소통 능력에 대해 '경청을 잘한다.', '말이 잘 통한다.', '공감을 잘한다.', '대화가 잘 된다.'라고 후하게 말하는 편이다. 하지만 여기서 다시 묻는다. 당신은 말만 잘하는가, 아니면 말도 참 잘하는가.

---

### 양손잡이 자기경영(가치와 혜택 편) 체크포인트 3

▶ 내 생각과 의견을 상대방에게 효과적으로 전달하는 능력이 있는가?

▶ 나는 나의 커뮤니케이션 스킬을 통해 사람들을 변화시킬 수 있는가?

▶ 자기경영에서 이해관계자 및 다른 사람과의 소통은 왜 중요한 것일까?

# 06

## 관계에서 교환과 공유는
## 필수가 되었다

**자기경영의 관리범위를 여전히 자신에게만 국한된 것으로 생각한다면 그건 오해이거나 착각에 가깝다.** 자기경영은 이해관계자 속으로 들어가기 위한 드러나지 않은 목적성을 갖고 있기 때문이다. 따라서 개별 성과가 아닌 공동 가치의 창출이 중요하며 이는 교류와 나눔을 통해 실현된다. 자기경영은 이해관계자 또는 관계 인구 간 다채로운 교환과 공유가 통용되어야 한다. 현대 사회에서는 **다양한 사람들과의 협업과 소통을 통해 자료와 정보를 교환하고 공유하며, 가치 생성을 촉진하는 일들이 중요한 경쟁력이 되고 있다.** 이처럼 사회적 교환과 공유는 개인 차원뿐만 아니라 조직, 기업, 사회의 성장과 발전을 가능하게 하는 동력이 될 수 있음을 이해하자.

이해관계자는 개인의 사고思考나 활동에 대해 직·간접적으로 영향을 미치는 사람 혹은 집단을 말하며, 일반적으로 가족, 친구, 학교, 회사, 기관, 공급자, 파트너, 투자자, 소비자 등을 포함한다. 반면, 관계 인구는 직접적인 이익이나 호혜는 없지만, 다소 연약한 관계망을 통해 연결된 사람을 의미하며, 이후 잠재적 조력자이자 교류의 중요한 접점 내지는 분기점이 되기도 하는 집단이다. 이해관계자는 과업의 성과와 평가에 직결되는 주요 대상이므로 신뢰에 기반한 동반자 관계관리가 지속적으로 요구된다. 관계 인구는 지각, 주의, 이해 및 관여도에 따라 자료와 정보를 교환·공유하며 접점을 형성하고, 관계망이나 확장된 연결망을 구성하는 데 이바지한다.

유형이든 무형이든 자기 것에 집착이 심한 사람도 있지만 자기경영에서 교환과 공유는 필수이다. 단절된 사고방식과 고립된 접근으로는 기대 또는 그 이상의 성과를 이루기 어렵다. 하지만 이해관계자와 관계 인구 사이에서 열린 사고로 이해하고 반응하다 보면 더나은 성장과 발전이 가능해지기 때문이다. 다양한 자료와 정보를 교환함으로써 새로운 통찰과 혁신적 아이디어를 얻을 수 있다. 그뿐만 아니라 지식과 경험을 공유함으로써 서로에게 건강한 자극이되어 역량을 강화하고, 공동의 나은 성장을 도모할 수도 있다. 상대하는 개인은 물론 조직, 기업, 사회와 어울려 지속적으로 소통하며 신뢰를 쌓아갈 때 거미줄처럼 유연하면서도 강력한 네트워크를 완성할 수 있다.

교환과 공유를 촉진하는 전략으로는 인적 네트워크 확장과 관계관리의 강화가 있다. 이 과정에선 관심과 소통을 통해 새로운 자료나 정보에 접근하여, 느끼고 이해한 바를 이해관계자와 공감하며 시너지효과를 낼 수 있다. 시너지효과에 앞서 상생이 가능한 모델을 구축하려면 단기적 이익보다 중·장기적 가치를 목표로 협력·협업하는 방식을 채택할 필요가 있다. 정보 개방성과 투명성을 강화하는 차원에서 중요한 정보를 독점하기보다는 교환과 공유를 통해 신뢰를 보여야 한다. 무엇보다 상호작용에 필요한 다양한 채널과 도구를 활용하여 오프라인 모임과 온라인 플랫폼을 적절히 활용할 수 있어야 한다. 이를 위해 시스템적 사고와 적극적 수용 태도 등 다양한 의견과 관점을 능동적으로 받아들이고 검토하는 자세가 필요하다. 특히 단순한 교환과 공유를 넘어 상대방의 입장과 가치를 존중하고 공감하려는 태도가 바탕을 이루고 있어야 한다. 이후 장기적인 안목으로 네트워크를 지속 관리함으로써 반응이나 피드백 등으로 관계를 강화하고, 자료와 정보를 적극 활용하며 소통하고 상호작용 할 수 있어야 한다.

자기경영에서 이해관계자와 관계 인구 간의 교환과 공유는 단순한 정보 전달을 넘어, 신뢰와 상생의 기반을 형성하는 중요한 과정이다. 이러한 과정을 통해 각자의 성장을 도모하고, 함께 더 나은 미래를 만들어 가는 노력이 성공적인 자기경영의 핵심이다. 교환과 공유의 가치를 깊이 인식하고 이를 실천할 때, 우리는 보다 창의적이고 유연한 자기경영을 실천할 수 있다. 익히 들어 알고 있는 단어지만 '활용'과 '탐색'을 통해 이해관계자 간 '교환'과 '공유'의 양적, 질적 개선을 이룰 차례다.

양손잡이 자기경영(가치와 혜택 편) 체크포인트 3

▶ 이해관계자 간 사회적 교환과 공유 관계는 왜 중요한 것일까?

▶ 자기경영에서 이해관계자 외 관계 인구까지 고려해야 하는 이유는 무엇일까?

▶ 인적 네트워크 확장과 관계 질 개선은 나에게 왜 필요한 것인가?

5장 가치와 혜택    207

# 07

## 자기 근시안을 버리고
## 매력을 갖추자

경영을 단지 기업 대표나 기관의 장이나 하는 복잡스럽고 어려운 것으로 짐작하는 사람이 많다. 하지만 실상 그렇지 않다. 경영은 '개인 또는 조직이 목적을 달성하기 위하여 문제에 접근하고 자원을 준비하여 이를 효과적·효율적으로 배분하거나 결합하는 일체적 관리 및 개선 행동'으로 볼 수 있다. 따라서 경영은 애초부터 조직, 기업, 기관만의 전유물이 아니라 개인 차원의 과제이기도 하다.

행여 자기경영의 범위와 수준을 자기만의 이익으로 설정하였다면 이는 숲을 이해하지 못하고 나무 밑동만 애지중지 살피는 것과 같다. 인간 생태와 사회관계를 고려하지 못하는 '자기경영 근시안'이라고 지적하고 싶다. 소풍 같은 우리의 인생 여정에는 무수히 많은 이해 관계자가 있고 오르막, 내리막, 여러 굴곡이 있다. 이러한 환경의 동태성 안에서 스스로 중심을 잡고 수많은 의사결정을 내려야 하는데, 그 모든 것들이 혼자만의 소양과 역량의 조합, 통제만으로 가능하다고 보는가?

자기경영, 자기 계발의 참 의미와 가치의 발산을 위해서는 이해관계자 중심의 사고를 토대로 균형을 잡고, 나아가 글로벌 마인드 global mind를 갖추는 것이 중요하다. **변화와 전환이 무성한 시대 속에서 성장과 발전을 이루기 위해서는 이익과 혜택을 조화롭게 연결하여 유의미한 가치를 만들며 참신한 매력을 완성해야 한다.** 이전의 자기경영이 주로 개인의 목표와 성과에 초점을 맞추었다면, 현대 사회에서는 개인 수준 외에도 이해관계자와의 관계와 조력까지 고려해야만 한다. 이해관계자는 본인을 비롯한 개인, 조직, 기업, 기관, 국가 등 매우 다양하며, 관계망에서 서로의 요구사항과 상호 규칙의 수용은 중요하다. 관계 형성 과정에서 이해관계자와의 접점에서 신뢰를 얻기 위해서는 겉으로 드러나 보이는 모습 외에도 꾸준한 진정성과 진솔한 태도가 필요하다. 개인의 성공이 이해관계자의 이익과 혜택으로 연결될 수 있도록 그다음 전략을 세우고 실천해야 하는데, 이때 단순한 이익을 넘어 사회망을 이루는 구성원 간 책임 있는 역할이 요구되기 때문이다.

자기경영에서 중요한 것은 시간과 비용을 지혜롭게 다루며 이익과 가치를 조화롭게 구성하는 것이다. 앞서 언급한 것처럼 그저 눈앞의 단기적인 이익만을 추구하는 접근법은 장기적인 성공을 보장하지 못하며, 가치를 고려하지 않는 성장은 지속 가능하지도 않다.

일시적인 성과에 머무르지 않고, 지속 가능한 자기경영을 위해 전략적 접근이 필요하다. 성과를 고려하되, 가치 중심의 의사결정을 할 수 있어야 하므로 능동적, 혁신적 접근으로 시대 변화에 적응하며 새로운 가치를 추가해 없는 능력이 무엇보다 중요하다.

주변 사람들과 이해관계자에게 긍정적 인상을 주고 관심을 이끄는 관계를 갖추기 위해서는 강력하고 독창적 포인트가 포함되어야 한다. 단순히 호감이 가는 외모나 좋은 아이디어만으로는 부족하며, 사람의 마음을 사로잡아 이끌며 소통할 수 있는 참신한 매력이 중요하다. 이때 한 사람으로서의 성품과 사회적 힘의 조합은 기본이며, 이해관계자의 인상과 평판 또한 큰 영향을 준다. 어찌 보면 **자기경영은 개인이 생존과 지속 가능한 성장, 발전을 꾀하면서 브랜딩을 하는 것이다.** 창의적이고 개성 있는 콘셉트와 콘텐츠를 관리하며, 이해관계자의 인식과 공감을 통해 매력 있는 퍼스널 브랜드 personal brand를 완성해 가는 과정인 것이다. 이는 다시 다양한 사람들과 소통하는 접점을 만들고 긍정적 에너지의 교환을 도우며, 또다른 연결과 관계를 향한 노출과 전파에 중요한 역할을 한다. 자기경영의 핵심은 단순히 개인 수준의 성취를 넘어, 이해관계자와의 소통과 사회적 역할을 통해 함께 성장하고 발전하는 것이다. 따라서 근시안의 자기중심적 사고에서 벗어나 이익과 혜택의 균형 있는 조화를 추구하고, 진정성과 지속성 관리를 통해 매력 있는 자기경영을 실천해야 한다.

## 양손잡이 자기경영(가치와 혜택 편) 체크포인트 3

▶ 자기경영 근시안에 빠지지 않는 방안에는 어떤 것이 있을까?

▶ 참신하고 매력 있는 자기경영을 위해 어떠한 요소가 필요한가?

▶ 이해관계자와 균형 및 조화를 이루어야 하는 이유는 무엇일까?

# 08

## 이젠 가치투자로의 대전환이
## 필요하다

기대성과에 이르는 결과물을 만들어 내거나 괄목할 만한 성장과 발전을 이루기 위해서는 단순한 자원의 투입을 넘어 가치 중심의 투자가 뒷받침되어야 한다. 무엇보다 자기경영의 범위와 수준을 관리하면서 이해관계자와의 관계를 공고히 하고, 중·장기 성과를 도모해야 하며, 자원과 리스크관리를 통해 위험과 손실을 최소화하는 투자로 이어져야 한다.

가치투자는 단순히 금전적 수익이나 단기성과에 치우치지 않고, 사회 가치와 개인의 성장을 함께 고려하는 투자 방식을 의미한다. 이는 가치와 효익을 함께 만들어 가는 것에 무게중심을 두기 때문에, 다양한 이해관계자와의 조화와 공감대로 서로에게 이익과 혜택이 되는 방안을 모색하는 것이기도 하다. 개인, 조직, 기업은 성과물이나 신용을 쌓는 것뿐만 아니라, 사회적 책임과 신뢰, 가치 창출을 고려한 투자를 지속해야 한다. 이해관계자의 관여도와 애호도愛

好度[63]를 통한 이미지, 평판, 인맥, 관계의 힘 등 금전으로 환산하기 어려운 무형 자산도 필요하다. 유의미한 가치와 이어질 혜택을 찾는 여정에서 손실 없는 가치투자란 일시적 어려움이나 단기적인 손해가 발생하더라도 중·장기적 관점에서 가치 상승의 효과를 기대하는 투자를 말한다. 단기 이익이나 손실에 연연하기보다는 미래 경쟁력과 잠재력을 중시하며 위험을 최소화하는 투자 전략인 것이다. 특히 신뢰와 명성은 단기간에 형성되지 않기에 일관된 가치투자를 통해 장기적으로 손실을 낮추고 긍정적인 평가를 받도록 만들어야 한다.

투자 가치를 키우기 위해서는 우선 개인과 타인의 가치를 고려한 상생 구조를 만드는 이해관계자 중심의 사고 확립이 요구된다. 또한 지속 가능성을 고려한 전략적 접근으로 미래 지향적 공동의 목표 설정을 통해, 단기적·단편적 이익에 얽매이지 않고, 중·장기적 관점에서 성과를 바라보며 투자의 방향을 설정할 필요가 있다. 이해관계자 중심의 전환을 통해 손실 없는 가치투자를 실천하는 것은 단기적 이익을 넘어 장기적 성과를 창출하고, 긍정적인 사회적 영향을 미치는 핵심 전략이다. 가치 중심의 투자 철학을 갖추어야 한다. 손해와 손실을 미리 걱정하기보다 사람과 대상 그리고 자기 자신에 대한 가치투자를 해야 하는 것이다.

---

63  어떤 대상을 사랑하고 좋아하는 정도.

모든 사람의 내면에는 놀라운 잠재력이 있다. 따라서 자신의 재능과 가능성을 믿어야 한다. 결국 어떤 선택을 하고, 어떤 행동을 이어 하느냐에 따라 삶의 방향과 성취가 달라지기 때문이다. 모든 건 사람들의 마음 먹기와 행하기 나름인 것이다. 그렇다면 자기 자신에 대해서도 한번 해 볼 만한 투자가 아닐까? 스노우볼처럼 축적되는 가치, 빠르게 확대되며 견고해지는 자기 자신을 이제라도 잘 만들어 봄 직하다. 투자 중 최악의 수익률을 보이는 분야가 자녀에 대한 투자라는 말도 있지만 부모들은 여전히 자녀의 전 생애 가치에 과감한 투자를 한다. 이제부터 자신과 이해관계자, 환경을 지속적으로 분석하면서 자신에 대한 과감한 투자와 관리를 해나가길 바란다. 분명 이익과 혜택 외에도 다양한 수익 포트폴리오portfolio가 생성될 것이다.

---

### 양손잡이 자기경영(가치와 혜택 편) 체크포인트 3

▶ 나의 성장과 발전을 위해 가장 중요한 가치는 어떤 것인가?

▶ 나는 어떠한 가치에 얼마나 투자하는가?

▶ 자기경영에서 손실 없는 가치투자 종목이 있다면 무엇일까?

# 09

## 효용과 혜택 제시로
## 가치 성과를 이루자

나만 위하며 남을 위해 아무것도 하지 않는 것은 우리 자신을 위해 아무것도 하지 않는 것과 같다. 성공한 사람, 존경받는 인물로 성장하기 위해서는 개인의 이익 추구를 넘어, 사회와 타인에게 이익과 혜택을 공유하고 가치를 나눌 수 있어야 한다. 이는 졸부(猝富)와 성공자를 가늠하는 원리다. 자신의 가치와 역량을 확장하고, 타인과의 상생협력을 통해 더 큰 성취를 얻을 수 있는 기반을 이룬다. 특히, 현대 사회에서는 개인의 성공이 공동체와의 상생을 통해 더욱 공고해지기 마련이다. 작금의 세상은 철밥통에도 균열이 생기고, 평생직장이 사라지고 있다. 운이 없으면 백 세를 넘겨 산다는 말처럼 그 어느 때보다 기대수명이 늘었다. 자의든 타의든 남들과 비교되며 질투 또는 상대적 빈곤감이나 박탈감 같은 감정을 본의 아니게 겪을 것이다. 경중(輕重)이 있겠지만 이러한 복합적인 감정과 상황을 누구나 한 번쯤 경험할 거다. 그리고 이를 어떻게 받아들이고 극복하느냐가 앞으로의 삶에 적지 않은 영향을 미친다.

여유가 없이 바쁘기만 한 삶이 이어지더라도 마음이 있다면 누군가에게 어떻게든 도움을 줄 수 있다. 배운 것과 아는 것이 있으면 누구에게 알려 줄 수 있고 가진 것이 많으면, 누군가와 나누어 보탬을 줄 수 있다. 즉 그 힘이 어떠한 것이든 갖추고만 있다면 어떻게든 다른 사람을 도울 수 있다는 말이다. 하지만 배운 것이 없고 가진 것이 없다면, 미래의 모습은 어떠할까? 도움을 주기는커녕 역으로 도움을 받아야 하는 처지로 누군가를 향해 줄을 서거나 답답함 또는 빈곤을 몸과 마음으로 견디는 다소 비참한 삶을 살아야 할지 모른다. 나눔은 자신이 가진 지식, 스킬, 태도, 경험, 자원 등을 타인에게 제공하거나 공유하는 것을 의미한다. 이러한 나눔은 개인과 공동체 모두에게 긍정적인 영향을 미치며, 장기적으로는 자신에게도 큰 혜택이자 후광효과로 돌아온다. 나눔을 통해 형성된 신뢰는 인간관계의 기반이 되며, 인맥이자 인적 자산으로 축적된다. 반드시 물질이 아니더라도 자신의 정서나 역량을 나누고 공유함으로써 사회적 교환과 상호 피드백을 받고 더 나은 성과를 만들어 갈 수 있다. **부자는 갑자기 만들어질 수 있지만 성공자는 하루아침에 만들어지지 않는다.** 따라서 성공을 향한 여정의 모든 지점과 과정에서 과도한 이익 추구나 욕심보다는 사회적 역할과 책임을 찾아 실천함으로써 긍정적 평판과 존경을 만듦이 필요하다.

아무리 경쟁 사회를 살아간다지만, 성장과 발전을 추구할 때, 그 과정에서 이해관계자 혹은 타인에게 미치는 영향까지 고려하는 것은 중요하다. 이는 단순히 이용을 노린 계산적 접근이 아니라, 진정성 있는 가치 창출로 이어지는 단서를 찾기 위함이다. 개인의 성장과 타인의 성장이 가능한 호혜적互惠的[64] 구조를 만들 수 있다면 더할 나위가 없을 것이다. 지속 가능한 협력과 협업 기반을 위해 단기적 성과보다 중·장기적 관점에서 서로에게 이익과 혜택이 닿는 방안을 모색할 필요가 있다. 그리고 자신의 성공에 그치지 않고 사회와 타인에게도 긍정적 영향을 미치는 유의미한 가치 성과를 이루어내야 한다. 나눔과 혜택을 누구나 입으로 떠들 수 있지만 진득하게 의미를 새기며 실천하는 사람은 좀처럼 찾기 어렵다. 그래서인지 주변에 존경할 만한 인물이나 진정한 멘토가 잘 보이지 않는 것이다.

효용과 혜택 제시에는 금전적인 것 외에도 지식, 스킬, 태도, 자료, 정보, 사례, 경험, 교훈, 감동 등의 교환과 공유를 통해 다른 이의 성장을 도모함도 있다. 또한 공동 프로젝트에 참여하여 다양한 의견을 수용하고, 성과를 함께 만들어 가는 활동도 바람직하다. 이후 공동체와 사회에 기여하고 공헌 활동을 통해 신뢰를 쌓게 된다. 그리고 피드백과 개선 노력으로 타인의 의견을 적극 수렴하고 자신의 부족함을 개선하여, 더 나은 방향으로 성장할 수 있다. 성공은 혼자만의 힘으로 이루어지는 것이 아니다. **효용과 혜택을 기반으로 한 관계 형성과 협력, 협업은 성공을 더욱 의미 있게 만들며, 타인과의**

---

**64** 서로 특별한 이익이나 혜택을 주고받는 것.

**상생을 제시한다.** 이를 통해 진정성 있는 나눔으로 얻은 신뢰와 존경이라는 단어는 인생의 가장 값진 자산이 될 것이다. 전문가로서, 그리고 세상에 하나뿐인 한 인간으로서 성공을 꿈꾸는 이들에게 효용과 혜택의 중요성을 깊이 인식하고 실천하는 자세는 여러 번 강조해도 지나침이 없을 것이다. 이 같은 가치관을 바탕으로 성장하고 성숙해질 때, 개인의 성공은 공동체의 발전과도 맞물려 더 큰 의미를 지니게 될 것으로 기대된다.

> ### 양손잡이 자기경영(가치와 혜택 편) 체크포인트 3
>
> ▶ 내가 이 사회와 이해관계자에게 제시할 수 있는 가치는 무엇인가?
>
> ▶ 남에게 도움을 주며 살아갈 것인가? 남의 도움을 받으며 살아갈 것인가?
>
> ▶ 나는 부자가 되고 싶은 것인가? 아니면 성공자가 되고 싶은 것인가?

# 6장

## 지속 가능 자기경영

### 손을 맞잡고 이루는 성장과 발전

"나름의 멋진 꿈을 꾸며
성공과 행복을 찾아 나서는 당신에겐
아프거나 게으를 자유도,
무지하거나 무심할 자유도 없다."

## 양손잡이 자기경영 가이드라인
## 제6장 지속 가능 자기경영 편

6장에서는 '양손잡이 자기경영'에서의 통합 개념을 다루며, 지속 가능한 성장과 발전은 개인의 노력만으로 완성될 수 없음을 강조합니다. 자기 정체성이 신뢰의 기반이자 브랜딩의 출발점으로 제시되며, 자기경영 역시 결국 참신한 기획과 의도된 설계에서 비롯됨을 부각합니다. 예측하기 어려운 환경 속에서도 필요한 일을 실천하고, 의도치 않은 위험과 위기에 유연하게 대응할 수 있는 능력이 자기경영의 핵심 요소로 제시됩니다. 또한 세상을 조화와 균형의 관점에서 바라보는 태도가 자기경영의 지속 가능성을 높인다는 사실을 다룹니다. 진정한 성공은 단순히 많은 부를 축적하는 것에 있지 않고, 오히려 타인과 사회에 긍정적 가치를 확산시키는 데 있으며, 협력·협업과 지속 가능한 가치 추구가 성장과 발전을 이끄는 에너지가 된다는 메시지를 전합니다.

## 이 장을 읽을 때, 다음 질문에 주목하세요.

▶ 나의 정체성을 어떤 방식으로 명확하게 표현할 수 있는지

▶ 나는 참신한 기획력을 충분히 갖추고 있는지

▶ 마주하는 과제와 일에 진정성과 지속성이 담겨 있는지

▶ 비상 상황과 리스크를 능동적으로 관리하는지

▶ 사람들에게 사과와 감사를 적절한 방식으로 표현할 줄 아는지

▶ 나만의 가치판단 기준이 명확히 존재하는지

▶ 숲과 나무처럼 배경과 형상을 살피는 균형 감각이 있는지

▶ 세상과 마주했을 때 꺾이지 않을 도전 정신을 갖추고 있는지

▶ 나는 어떻게 돈을 벌 것인지, 또 어떻게 사용할 것인지

# 01

## 아이덴티티는
## 브랜딩의 시작이 된다

누가 뭐래도 지금 우리는 정보기술, 네트워크, 디지털전환, 인공지능의 시대를 살아가고 있다. 스마트라는 이름으로 무수히 많은 자료와 정보가 모이고, 연결, 노출, 전파를 거쳐 과업의 앞단부터 끝단에까지 유기적인 영향을 미치고 있다. 따라서 이 복잡하고 다양한 구조 속에서 자기 자신이나 조직, 기업을 돋보이게 하는 요소가 절실하다. 즉 차별화된 소중한 가치를 찾아 독창적인 브랜드로 성장시키는 노력이 요구된다. 비즈니스 브랜딩business branding과 달리 퍼스널 브랜딩personal branding은 단순한 이미지 메이킹image making에서 벗어나 페르소나persona[65]의 형태로 이성理性과 의지를 갖춘 주체이자 진정성과 일관성을 갖춘 자기표현이다. 무엇보다 인품과 소양이 바탕이 되어야 하며, 허울 좋은 포장으로 겉만 그럴싸하게 워싱washing[66]을 해놓은 것은 오히려 역효과를 불러올 게 자명하다. 따

---

**65** 가면처럼 다양한 사용자 유형들을 대표하는 가상의 인물.
**66** 긍정적 이미지를 갖기 위해 표면적으로 시늉만 하는 행태.

라서 성공자의 브랜드를 완성하기 위해, 필요한 것이 있다면 바로 특별함과 진심이 담긴 꾸준한 관리일 것이다.

브랜딩의 핵심은 대상을 향한 관심과 정성에서 시작된다. 단지 시늉만 하는 이중인격적 행동으로는 브랜드의 가치는 둘째 치고 브랜드의 이미지를 만들 수도 유지할 수도 없다. 사람들은 겉과 속이 다른 사람을 금세 파악하며, 그런 사람에게는 긍정적 후광효과가 아닌 부정적 인식이 따라붙기 마련이다. **브랜드의 가치는 한순간에 만들어지는 것이 아니라, 마치 태도나 문화처럼 오랜 시간에 걸쳐 형성되고 쌓인다.** 따라서 자신의 가치와 철학을 명확히 하고, 그 원칙을 일관되게 실천하는 것이 중요하다. 이러한 일관성이 바로 신뢰를 만들고, 신뢰는 곧 브랜드의 힘이 된다. 개인의 지속 가능한 성장과 발전의 첫걸음은 '나는 누구인가?'를 규정하는 것을 통해 정체성identity을 정립하는 것에서부터 시작된다. 성품과 성과를 겸비하여 사람들로부터 자연스러운 호감을 얻어야 함에 따라 성공하려는 사람도 성공한 사람도 인지도와 평판 관리는 필수다. 아무리 좋은 성과를 내더라도 평판이 나쁘면 그 사람의 브랜드 가치는 하락할 수밖에 없다. 따라서 사람들에게 호감을 주고 긍정적인 인식을 심어줄 수 있는 인성과 태도를 유지하자. 사람들은 자신이 존경하거나 좋아하는 사람에게 관심을 보이기 마련이다. 평판이 좋아지면 자연스레 긍정적 후광효과가 따라오며 브랜드 가치는 더 상승한다. 이를 위해 평소 작은 말과 행동 하나하나에 신경 쓰자.

브랜드는 한 번 만들어진다고 해서 끝나는 것이 아니다. 끊임없이 유지·보완·개선하려는 노력이 필요하다. 자신과 이해관계자의 관심이 사라지면 브랜드 가치도 쇠퇴한다. 따라서 지속적인 자기 계발과 대외 활동을 통해 브랜드 이미지를 강화해야 한다. 다른 사람들이 나를 인정하게 만들고, 그 인정이 긍정적 평판으로 이어지도록 노력해야 한다. 단순히 척만 하는 브랜드는 언젠가 한계에 부딪히게 된다. 진정성과 호감도를 바탕으로 한 퍼스널 브랜딩이야말로 자기경영의 최강 요소다.

성공적인 퍼스널 브랜딩을 위해서는 개인 브랜드를 하나의 특별한 영역에 집중시키는 것이다. 즉 다양성보다는 독창적인 것을 고려할 필요가 있다. 또한 톤앤매너를 갖추되 강력한 인상과 호감을 자극할 수 있는 가시성이 있어야 한다. 효과를 얻기 위해서는 브랜드를 반복적, 지속적으로 노출하고 전파되게 하여 이해관계자 또는 잠든 관계 인구의 관여도를 일깨울 수 있어야 할 것이다. 이를 위해 시종여일始終如一 즉, 당신의 언행이 처음부터 끝까지 공적·사적으로 한결같아야 한다. 진정성을 갖고 꾸준히 유지관리를 하며 당신의 브랜드 가치에 충실히 투자하길 바란다. 이는 당신이 기대하던 것 이상의 이익과 혜택을 선물할 것이다.

'양손잡이 자기경영'과 함께 브랜드를 완성하기 위해서는 강력함, 호감도, 독창성은 물론 진정성, 일관성 등을 고루 갖추어야 한다. 허울뿐인 브랜드가 아니라, 내면과 외면이 조화를 이루는 성숙한 브랜드를 만들어야 하는데, 정성을 들여 자신만의 색깔을 명확히 하는 것이 결국 사람들에게 인정받고 성공으로 이어지는 길이다. 본本 캐릭터character, 부附 캐릭터 등 브랜드 관련 전략을 겸비한 노력도 중요하다. 브랜드의 가치가 있다는 것은 분명히 좋은 일이지만, 다양한 이해관계자를 고려한 그만큼의 복합적인 관리 체계가 뒤따라야 함을 명심하자.

### 양손잡이 자기경영(지속 가능 자기경영 편) 체크포인트 3

▶ 퍼스널 브랜딩의 완성을 위하여 무엇을 하는가?

▶ 나에 대한 브랜드 이미지와 브랜드 파워는 어느 수준인가?

▶ 퍼스널 브랜드 가치 제고를 위한 전략은 어떤 것인가?

## 02

# 자기경영은
# 기획에서부터 출발한다

개인, 조직, 기업, 사회 또는 누가 주체가 되든 지속 성장과 발전 가능성, 그 실효성은 결코 배제할 수 없는 핵심 요소다. 이를 위해 환경·상황·현상에 대한 이해와 원인 분석, 그리고 문제해결을 위한 기획, 실행, 점검, 개선 조치 등의 접근이 필요하다. 특히 합리성을 갖춘 기획, 기회를 만드는 기획, 성과로 이끄는 기획의 중요성은 두말할 나위 없다.

성장과 발전이 지속되려면, 단순한 행위만으로는 한계가 있다. 무엇보다 체계적인 접근이 필요한데 그 중심에는 바로 '기획'이 있다. 기획은 목표를 설정하고, 이를 달성하기 위한 설계를 통해 시스템적 사고를 구체화하는 과정을 말한다. 또한 자기경영을 뒷받침하는 요소이자 변화 속에서 유연하면서도 확고한 성장을 이끈다. 기획은 단편적인 아이디어 구상이 아닌, 명확한 목표를 설정하고 그 목표를 실현하기 위해, 필요한 요소를 체계적으로 설계하는 과정이기도

**하다.** 기획은 단계별 세부 목표와 수단을 명확히 하고, 논리적 연결 고리를 형성해 효율적인 과업 수행과 성과 일치를 가능하게 한다. 즉 기획을 통해 방향과 동력을 잃지 않고 가치 성장을 일관되게 추구할 수 있다. 기획자의 참신한 관점에서 문제 인식이 이루어지면 시스템적 사고를 바탕으로 여러 요소를 유기적으로 연결하며 문제점을 해결해 가야 한다. 또한 단계별 계획과 실행 방안을 구체화함으로써 성과를 눈으로 확인할 수 있는 구조를 만들어야 한다. 기획과 계획을 넘나들며 현재 지점과 다음 지점, 종점을 가늠할 수 있도록 시각화된 모델을 만들자.

기획이 하나의 큰 틀을 이루는 구상과 구성의 단계라면, 계획은 이를 구체화하고 가시화하여 현실로 만드는 역할을 맡는다. 따라서 단순한 아이디어나 스토리보드, 콘티 수준을 넘어 실행이 가능한 전략을 수립하고, 이를 구조적으로나 시각적으로 명확히 표현하는 것이 이 단계에서 중요하다. 기획을 반영한 계획은 구체화 과정에서 중 · 장기적 목표와 단기적 목표를 구분하여 단계별 실현이 가능하게 해야 하는데, 계획을 직관적으로 이해할 수 있도록 하는 설계자의 역할이 중요하다. 이는 실행 과정에서 혼란을 줄이고 명확성을 높이는 데 도움이 된다.

기획력을 키우기 위한 대표적인 방법으로는 우선 문제해결 중심의 사고 훈련이 있다. 문제에 접근하여 문제의 핵심을 파악하고 문제점을 찾아 해결하기 위한 다양한 사례와 접근 방법을 익혀야 한다. 시스템적 사고를 강화하기 위해 복잡한 문제를 구조적으로 분석하고, 다양한 독립·종속·통제·조절·매개 변수 등과 제약요인, 연결구조 등을 연구하여 대안을 세우고 추정해 보는 연습이 필요하다. 그 과정에서 일관성 있는 사고체계와 기획의 논리가 자연스럽게 다져진다. 다이어리나 마인드맵, 플래너 등과 같은 도구는 물론, 시각적 기획 소프트웨어 등 디지털 도구를 활용하면 직관적 이해와 관리에 큰 도움이 된다. 이러한 것들은 사고를 정리하고 기획의 흐름을 시각화해 기획 역량을 보다 더 효과적으로 성장시키는 데 꽤 유용하다.

피드백 체계를 통해 실행 사이클마다 점검과 평가를 거쳐 일련의 결과를 개선 사항으로 반영하자. 기획은 단순히 시간, 비용, 투입, 산출에 관한 것을 계산하는 일을 넘어, 다가오는 미래를 설계하고 목표를 향한 방향과 속력을 제시하는 중요한 과정이다. 참신한 기획과 실천은 내일을 준비하며 환경 변화에 좀 더 유연하게 대응하도록 돕는다. 전문가로서, 그리고 개인으로서 성공을 꿈꾼다면 기획력을 갖추고 타당한 행위로 옮기는 자세가 필요하다. 논리와 체계적 사고에 기반한 기획이야말로 변화와 돌발 변수를 극복하는 진정한 힘을 만든다. 긴 여정, 길을 찾아 나서는 마음으로 언제, 어디를, 어떻게 갈지, 그리고 목적지에 다다라 무엇을 할지, 그래서 무엇이 기대되는지 오늘 하루가 다 지나가기 전에 기획서 한 장 써보

자. 안타깝게도 **모두가 사회와 세상을 변화시키려고 애쓰지만 정작 자기 스스로 변화하는 이들은 적다.** 나부터 '양손잡이 자기경영'을 통해 유의미한 변화 지점에 바로 서자.

---

### 양손잡이 자기경영(지속 가능 자기경영 편) 체크포인트 3

▶ 내 인생에 대한 기획서를 한 장으로 작성할 수 있는가?

▶ 기획과 계획을 수립하는 과정에서 사용하는 도구는 어떤 것이 있는 가?

▶ 나는 기획서 및 계획서에 따른 이행과제와 기대효과를 얼마마다 점 검하고 관리하는가?

# 03

---

## 앞으로도 제대로,
## 잘, 열심히 하자

한 치 앞이 보이지 않는 어두운 겨울밤, 진눈깨비가 내린다. 자동차를 몰고 365km 거리 밖 목적지를 행해 초행길을 달려가야 한다고 할 때, 자동차 전조등의 평균 조사 거리는 차량과 빔 사양에 따라 다르지만 넉넉잡아 1km에도 미치지 못한다. 다시 말해 출발 지점에서는 전혀 보이지 않는 목적지를 향해 운전석에 앉아 시동을 건 후, 희뿌연 앞길을 계속 나아가는 과정이 미래를 향한 여정을 닮았다.

삶을 살아가며 우리는 수많은 선택의 기로, 의사결정의 끝자락에 선다. 그 선택의 결과는 우리의 태도와 노력에 따라 결정되는 경우가 많다. **성공의 첫걸음은 해야 하는 일과 하고 싶은 일을 구분하고 '제대로, 잘, 열심히 하는 것'이다.** 목표를 정하고 그것을 이루기 위한 마음을 먹었다면 작심삼일<sup>作心三日</sup>보다는 *꾸준함*으로 이어져야 하며, 과정과 판정에 대한 경우의 수를 고려할 필요가 없는 깔끔한 성과를 내도록 최선을 다해야 한다. 공부도 마찬가지다. 목적이나 구체적인 목표가 없다면 머릿속에 든 어떤 것도 오랜 지속되기 어렵다. 그뿐만 아니라 실전에 닥쳤을 때 지식과 이론, 경험과 실무가 현장에서 원활히 운영되고 응용되기 어렵다는 점은 자명하다.

변화, 전환, 개선 나아가 혁신의 시작은 마음가짐에 있다. 실행력은 단기성과가 아닌 지속성 위에서 힘을 발휘한다. 따라서 무언가를 하기로 마음먹었다면 시작부터 끝까지 완주할 수 있도록 애써야 하며 반드시 끝을 보겠다는 다짐을 굳건히 해야만 한다. 남의 눈치를 살피며 두고 보거나, 대충 같음한 뒤 미루다 보면 결국 실패로 이어지는 경우가 많기 때문이다. 성공은 단순히 운이나 우연의 결과가 아니라, 철저한 준비와 생생하고 확고한 의지로 만들어진다. 제대로 하겠다는 각오로 임한다면 결과 또한 다르게 나타날 확률이 높다. 제대로 하라는 말은 단지 열심히만 하면 된다는 게 아니다. 이해와 기획을 바탕으로 계획과 준비가 철저해야 하고, 그 과정에서 예상되는 변수들을 최대한 미리 점검하여 방해, 간섭을 걷어내거나 우회하고 실수를 최소화해야 한다. 또한 이해관계자의 이견이 없도록 매사 적극적인 실행과 완벽을 도모하는 자세가 필요하다.

일머리가 있는지, 일을 잘하는지에 대해 사람들은 능력을 보고 판단한다. 일을 했으면 성과를 내야 하고, 그 성과를 통해 다른 사람들이 당신을 인정할 수밖에 없도록 해야 한다. '잘한다는 것'은 단순히 결과만을 의미하지 않는다. 여러 고비와 과정에서 성실함과 꾸준함이 동반될 때 비로소 제대로 한 것이 된다. 자신이 맡은 일을 완수하며, 주변 사람들이 자연스럽게 인정하도록 다시 말해 인정할 수밖에 없도록 만드는 것이 중요하다. 성과 없는 노력은 의미가 없다. 결국 일을 잘한다는 건 책임감 있는 성과를 만들어 내는 힘이다. 자신의 소양과 역량을 담아, 맡은 일을 끝까지 책임지는 자세를 가져야 한다. 잘한다는 것은 곧 주위로부터 인정을 받고 있다는 뜻이다. 어떤 일을 하든 열심히 임하는 태도는 매우 중요하다. 대충 넘어가거나 적당히 해치우려는 마음으로는 크게 성장할 수 없다. '열심히 한다는 것'은 단순히 시간과 비용을 쏟는 것이 아니라, 올바른 방향으로 꾸준히 나아가는 것을 의미한다. '경험은 최고의 스승이다.'라는 말처럼 결과가 나쁘더라도 여러 과정에서 얻은 경험은 큰 교훈이자 지혜, 그리고 자산이 된다. 세상은 냉정하지만, 열심히 노력한 사람에게 기회는 찾아오는 법이다. 그런 기회를 잡기 위해 우리는 끊임없이 자신을 단련해야 한다. 한 가지 일을 반복하다가 불현듯 도를 깨닫듯이, 열심히 하다 보면 어느새 길이 보이고, 문이 열린다.

'양손잡이 자기경영'은 끊임없는 도전과 성취의 연속이며, 삶 속에서 자신을 만들어 가는 시간이자 스스로 증명하는 과정이다. 이해관계자가 나를 인정하도록 만드는 방법은 결과로 말하는 것이다. 작은 일 하나부터 인정받을 수 있도록 노력해야 하며, 이 과정에서 자신의 태도와 열정을 적절히 사용하는 것도 중요하다. 마음을 먹었다면 제대로 하고, 잘해야 하고 열심히 해야 한다. 그렇지 않으면 인생의 기회는 마치 '0'을 곱셈한 것처럼 순식간에 사라질지 모른다. **자신이 선택한 길에서 최선을 다해 노력하며, 자신이 걸어온 길을 후회 없이 바라볼 수 있도록 하자.** 그 누구도 아닌 나의 일을 찾아 그것부터 제대로, 잘, 열심히 해야 할 것이다. 그리고 그다음의 일을 고민하자.

---

### 양손잡이 자기경영(지속 가능 자기경영 편) 체크포인트 3

▶ 내가 맡은 일은 이름을 걸고 책임감 있게 완수하는가?

▶ 나에게는 명확한 목표를 향한 꾸준함의 힘이 있는가?

▶ 일이 내게 주어지기를 기다리는가 아니면 내가 일을 찾아내어 수행하는가?

# 04

## 의도치 않은 상황과
## 리스크를 관리하자

생각처럼 혹은 마음만치 흘러가지 않는 것이 세상 현실이다. 급변하는 세상에는 늘 불확실이 공존하기에 자기경영을 성공으로 이끌기 위해서는 문제 못지않게 위험과 위해를 인식하고 리스크관리를 하며 비상 상황에 대비하는 것까지 필수이다. 또한 환경의 동태성을 지속적으로 인식·식별하여 관리하려는 노력이 필요하다. 그렇지 않으면, 성장과 발전 과정에서 예상치 못한 방해를 받고 시간과 비용, 이미지와 가치 면에서 심각한 손실을 초래할 수도 있다.

위험이란 잠재적으로 발생할 수 있는 부정적 상황이나 손실의 가능성을 의미하며, 위해는 위험과 재해 등이 실제로 발생하여 피해를 주는 상황을 말한다. 자기경영에서 위험과 위해를 구분하고 이를 체계적으로 관찰하고 관리하는 것은 성장·발전에 중요 포인트다. 잠재적 위험 요소를 미리 파악하여 문제 발생 가능성을 최소화해야 하며, 크기와 빈도, 지표상 위험이 위해로 이어지지 않도록 사전에 방지 대책을 마련해야 한다. **시기와 상황별 다양한 위험과 위해 요인을 파악하고, 환경분석을 통해 대응과 보완 등 개선 조치를 위한 의사결정에 활용해 보자.**

리스크는 위험의 현실화 가능성을 의미하며, 이를 제대로 관리하지 않으면 성공적인 자기경영에 적지 않은 어려움이나 부담으로 작용한다. 리스크관리는 이제 개인의 성장 · 발전의 지속 가능성을 좌우하는 요소이다. 리스크관리는 위험 요소를 체계적으로 관리하여 위해로 이어지는 것을 방지하고, 잠재적 기회를 극대화하는 데 목적이 있다. 따라서 리스크관리를 사전에 기획하고 운영하여, 위해 상황을 예방 · 대처하고 불확실성 속에 안정적 성장을 꾀해야 한다. **리스크 현실화에 대비한 시나리오 등 구체적인 대응 방안을 마련해야 한다.** 때에 따라 리스크관리는 그 자체가 기회를 생성하는 잠재적 기반이 되므로 성취 · 성공의 가능성을 높이는 자원이 된다.

위험의 효과적 관리로 환경적 · 상황적 요인 등 다양한 리스크를 체계적으로 분석하여 파악할 필요가 있으며, 발생 가능성이 높은 위험, 즉 리스크가 큰 부분을 우선순위로 두고 구체적인 대응 방안을 마련해야 한다. 이러한 사전 계획을 바탕으로 한 점검 · 관찰을 통해 대응하며, 상황 변화를 주기적으로 모니터링을 하거나 미흡함을 보완할 필요가 있다. 특히 위험 및 리스크관리 프로세스를 지속적으로 점검하고, 피드백을 통한 개선 사항을 반영하여 관리 체계를 강화하는 것 또한 잊지 않아야 한다.

**위험과 리스크를 제대로 제때 관리하지 못하면 종국에는 위해로 이어져 회복이 어려운 정신적·물질적 손실을 초래할 수 있다.** 자기경영의 성공은 위험과 리스크를 적극적으로 인식하고 관리하는 데 달려 있다고 해도 과언이 아니다. 따라서 불확실성 속에서 능동적 대응 능력을 키워 안정적 성장과 유의미한 발전을 이루자. 또한 위험을 두고 보거나 회피하지 않고 체계적으로 관리하는 자세가 자기경영의 본질이자 필수 자질이다. 만사불여萬事不如 튼튼[67]이라 했다. '양손잡이 자기경영'을 통해 지각된 위험과 리스크를 살피고 기회가 마련되도록 관리하자.

타이밍과 평정심은 매우 중요하다. 가치 있는 일이 정해졌다면 시스템과 프로세스를 갖추는 데 시간과 비용을 투자하자. 볏짚도 베지 못할 검劍은 쓸모가 없다. 때를 기다려 훈련하며 무딘 날을 갈고 닦아야 한다. 이곳에서 저곳으로 물을 계속 옮기기 위해 물통을 드는 대신 파이프라인pipeline을 건설하는 시간, 나무 그림자에 앉아 있기보다 땅을 일구며 과수원을 만드는 시간, 펄떡거리는 물고기를 맨손으로 덥석 잡으려는 시도 대신 그물을 짜며 준비하는 시간은 언제나 옳다.

---

**67**  세상 온갖 일에 있어 튼튼히 하는 것보다 더 나은 것이 없음.

## 양손잡이 자기경영(지속 가능 자기경영 편) 체크포인트 3

▶ 자기경영 측면에서 지각된 위험으로는 어떤 것이 있는가?

▶ 미래를 가정할 때 예상되는 비상 상황은 어떤 것이 있는가?

▶ 리스크 대응을 위한 관리 시나리오가 미리 준비되어 있는가?

# 05

반성하고 감사하며
성공을 추구하라

개미에게 부지런함을 배우고 거북이에게 느리지만 앞으로 나아가는 꾸준함의 힘을 배우듯 인생은 배움과 추구의 연속이다. 인간으로서 주도적으로 살아간다는 것은 스스로 삶의 방향을 설정하고, 목표를 향해 나아가는 것을 의미한다. 이러한 태도는 성공적인 자기경영의 밑천이자 지속 가능한 성장과 발전을 이루기 위한 필수 자산이다. 수동적·소극적으로 행동하기보다는 주체적인 자세로 자신의 삶을 추구해 갈 때 인생의 의미를 발견하고, 진정 원하는 일을 이루어 가는 즐거움과 보람을 누릴 수 있다.

자신이 추구하는 삶을 주도적으로 설계하기 위한 가장 기본이 되는 요소는 몸과 마음의 건강이다. 신체적 건강은 한 사람의 생기와 활력에 직결되며, 생활의 에너지원으로 지속 가능한 성장과 발전을 향한 채비가 된다. 신으로 하여금 인간이 가혹한 상황에 내던져지지 않는 이상 건강과 수명, 시간은 일정 부분 관리될 수 있는데 그 핵심은 꾸준한 운동과 균형 잡힌 식습관, 평소 무리하지 않고 일상의 페이스를 유지하는 것이다. 이를 위해 회복 관리, 스트레스 관리, 적당한 휴식과 수면 루틴에 관한 관리, 라이프 사이클 내의 통제가 필요하다. 일상에서 우울감이나 무기력함에 맞서 정신 건강을 유지하기 위해 자신에게 맞는 정적·동적 활동으로 심신 관리를 꾸준히 해야 한다. 또한 심신의 건강 상태를 정기적으로 점검하고, 검사와 검진계획, 중·장기 목표를 세울 필요가 있다. 삶의 활력을 유지하는 또 하나의 요소는 자신이 오랫동안 해 보고 싶었던 일, 그리고 지금 하고 싶은 일들을 적극적으로 탐색하고 활용하는 것이다. 이는 단순히 취미나 여가를 넘어서, 마치 탐험가처럼 창의적 사고와 자기 계발을 자극하는 말랑말랑한 원동력이 된다.

다양한 경험, 배경지식, 그리고 새로운 정보의 탐색을 통해 자신이 진정으로 하고 싶은 일, 가슴 뛰는 일을 찾아볼 수 있다. 취미생활이나 관심 분야에 조금씩 시간을 투자하면서 일상 속 활력을 찾고, 그 기세를 이어받아서 하고 싶은 일을 찾아 해 보는 거다. 그렇게 성취감을 느끼며 자아를 확립해 나가면, 삶의 의욕을 더욱 높일 수 있다. 지치는 일 없이 자기 주도적인 삶을 위해서는 계획적이고 구체적인 목표 관리가 있어야 한다. 이를 위해 새해마다 다이어리나 플래너를 사서 여러 반성과 감사의 순간을 기록하고, 꿈과 희망을 구체화할 것을 권하고 싶다. 별도로 투두리스트to do list; TDL, 체크리스트, 버킷리스트, 위시리스트 등의 관리 습관을 곁들이길 바란다. 물론 지면이 아닌 별도의 소프트웨어 프로그램이나 앱App을 이용해도 좋다. 중요한 건 자신에게 알맞은 도구를 사용해 흔들리거나 두려워하는 마음을 관리하고 수정이나 개선이 필요할 때마다 나침반의 바늘을 목표에 정렬시키듯, 길을 잃지 않고 나아가는 데 활용하는 것이다. 이러한 지속적 관리와 조정이 결국 자기 주도적 삶을 견고하게 만든다.

목표 달성을 위해 필요한 모든 단계와 과제를 정리한 투두리스트는 주기와 빈도에 따라 다양하게 활용될 수 있지만 발생형 문제의 관점에서 되도록 하루 단위로 관리할 것을 추천한다. 이른 아침 방해받지 않는 시간이나 출근길의 짧은 자투리 시간에 어제까지 마치지 못한 일과 오늘 해야 할 일을 훑어보며 우선순위를 정하는 과정은 매우 중요하고 의미 있는 시간이 될 것이다. 이는 하루를 주도적으로 설계하고 존재의 시간을 더욱 가치 있게 만드는 기초가 된다. 주로 가벼운 주제 위주로 일상적인 할 일과 단기 목표를 구체적으로 기록하고, 완료 여부를 명확히 하는 데 사용하길 바란다. 이때 목표는 결과 지향적이어야 한다. 버킷리스트는 인생에서 반드시 경험하고 싶은 바람을 정리함으로써 동기부여의 원천으로 삼을 수 있다. 위시리스트의 경우 설정형 문제의 관점에서 당신이 바라는 내일을 담은 비전과 중·장기 인생 목표를 구체화하여 시각적으로 작성하는 게 중요하다. 가치 있는 일을 선택하였으면 즉각 실행에 옮겨야 한다. 이들의 주기적 점검과 검토를 통해 변화된 여건과 상황을 고려하여 적절하게 수정함으로써 현행화하고 실효성과 실행력을 높여가야 한다.

추구하는 삶을 살아가기 위해서는 단편적 생각이 아닌, 시스템적 사고가 필요하다. 프로세스에 따른 논리적 연결성을 갖추어야 하는데 이는 각 요소가 유기적으로 맞물려 있는 성장 구조를 설계하고, 발전 가능성을 극대화하는 데 이바지한다. 따라서 세부적으로 문제 상황을 논리적으로 분석하고 체계적인 해결 방안을 모색해야 한다. 이후 실행이 가능한 목표를 설정하고, 단계별 항목을 연결해 지속적으로 추진하되, 실행 후 결과를 점검하고 피드백을 통해 개선하며 다음 단계로 이어 나가야 한다. 이처럼 순환적 사고방식을 갖춰 성장과 발전이 가능하다.

우거진 삶을 설계하고 실행하는 것은 단순한 자기만족을 넘어 인생의 주도권을 확립하는 과정이며, 그 안에서 이해관계자를 고려해야 한다. 실행 후에는 반드시 성찰이 뒤따라야 한다. 과거, 현재, 미래를 사색함으로써 인간관계나 사회관계에서 반성할 점이 있다면 반성하고, 감사할 점이 있으면 감사하며 매력적인 성공을 추구해야 한다. 건강관리와 하고 싶은 일의 적극적 실천, 목표 관리와 시스템적 사고를 통해 우리는 성장하며, 의미 있는 성취를 일궈낼 수 있다. '양손잡이 자기경영'을 통한 능동적 삶의 가치 추구는 개인의 성공과 행복을 실현하는 데 핵심적 역할을 할 것이다.

## 양손잡이 자기경영(지속 가능 자기경영 편) 체크포인트 3

▶ 내가 진정 추구하는 삶이란 어떤 것인가?

▶ 내가 반성해야 하는 일이 있다면 무엇이며 앞으로 어떻게 할 것인가?

▶ 감사한 일에 대해 살아가며 갚거나 베풀 수 있는 것이 있다면 무엇인가?

# 06

## 가치 있는 것을
## 알아볼 수 있어야 한다

우리가 인생을 살아가면서 중요한 것이 하나 있다면, 그것은 바로 나에게 가치 있는 일을 찾는 것이다. 자료와 정보가 넘쳐나고, 선택과 의사결정이 어려워지고 있는 시대에 가치판단은 자기경영의 방향을 결정짓는다. 단순히 시간과 노력을 무한정 투입한다고 해서 모두가 만족하거나 성공하는 것은 아니다. 하고 싶지 않은 일, 무의미한 일을 무작정 열심히 한다고 해서 성공하는 것도 아니다. 자신에게 가치 있는 일을 찾고, 그 일을 꾸준히 지속할 수 있는 동기부여, 의미 있는 성과 창출이 가능해야 한다. 그러한 일을 효과적 · 효율적으로 관리하고 지속하기 위해 활용과 탐색은 필수이다.

'양손잡이 자기경영'이 체계를 갖추고 지속 가능 경영으로 전환하기 위해서는 무엇보다 시스템적 사고를 갖추고 있어야 한다. 큰 틀에서 입력단, 출력단, 프로세스, 모듈, 피드백 채널이 있고 그에 따른 비교, 연산, 통제가 곳곳에서 유기적으로 작동하게 된다. 전체와 부분에 에러error나 노이즈, 외란이 발생할 수도 있음을 이해하자. '양손잡이 자기경영' 시스템의 구성을 요소를 모듈 단위로 살펴보면 다음과 같다. 첫째, 양손 각각의 역할과 하위 자원의 재구성이다. 한 손은 한 사람의 그릇을 만드는 데 필요한 것으로, 현재의 나를 강화하기 위한 활용, 소양, 성실, 태도, 인성 등 운영 자원을 다루고, 다른 한 손은 미래를 준비하는 데 필요한 탐색, 역량, 유능, 실력, 인재 등 응용 자원을 조화롭게 다룬다. 둘째, 양손을 재발견하고 자원의 양립을 조율하는 과정으로 변화, 전환, 안정화, 양립성을 위해 통제가 관여하며, 수정과 보완을 통해 개선 사이클을 관리하는 과정이다. 이 단계에서는 자기경영의 실질적 관리가 이루어진다. 셋째, 이해관계자가 필요로 하는 일손인지 점검하는 단계다. 자신을 둘러싼 가치와 혜택을 살펴보는 것이다. 개인이 만드는 가치가 타인과 조직, 사회에 어떤 영향을 주는지 살피며, 이익, 효익, 혜택을 점검하는 단계다. 마지막으로 한손잡이든 양손잡이든, 강한 관계든 연약한 관계든 사람들과 손을 잡고 성장과 발전을 추구하는 지속 가능한 시스템의 준비, 도입, 구축, 운영이 필요하다. 이는 체계화, 내재화, 현행화, 고도화 등을 통해 지속 가능성을 담보하는 자기경영의 최종 단계다.

'지금 하는 일에는 어떤 가치가 있는가?', '진정 찾고 있는 가치는 무엇인가?' 등등 수시로 스스로에게 되물어야 한다. 가치 있는 일은 돈이나 명예를 넘어선 것으로 개인의 목표와 삶의 방향을 구체화하고 지속적으로 추진할 수 있는 원동력을 제공한다. 이때 가치의 기준은 사람마다 다를 수 있으므로 자신이 중요하게 여기는 가치를 명확히 정의하는 것이 중요하다. 가치 있는 일을 찾는 데에는 다음과 같은 질문들이 도움이 된다. '이 일이 내 삶에 긍정적인 변화를 줄 것인가?', '이 일은 어떤 이유로 의미가 있고, 무엇이 기대되는가?', '이 일을 통해 어떤 성과를 얻을 수 있는가?', '이 일이 나에게 동기부여를 주는가? 지속 가능한가?' 등이다. 스스로에게 던지는 질문의 질이 깊어질수록, 우리의 삶은 목표에 더 가까이 다가가며 더욱 명확한 방향성을 갖추게 된다.

같은 일을 하더라도 어떤 관점으로 수행하느냐에 따라 전혀 다른 가치를 만들어 낸다. 돌을 깨고 나르는 사람과 마을을 연결하는 다리를 짓는 석공의 차이는 노동의 형태가 아니라 의미의 방향성이다. 설탕물을 파는 사람과 위안을 건네는 바리스타의 차이는 제품이 아니라 관계와 경험을 창조하는 태도에서 비롯된다. 가치는 외형이 결정하지 않는다. 더럽고 구겨진 지폐도 본래의 가치를 잃지 않듯, 사람 역시 타인의 평가나 순간의 상황 때문에 그 가치를 잃지 않는다. 가치는 언제나 내부에 존재하며, 이를 스스로 인식할 때 비로소 활용할 수 있다. 따라서 중요한 것은 남의 시선, 남의 기대를 따르는 것이 아니라, 나의 고유한 가치와 이해관계자의 잠재적 가치를 발견하고 선택하는 것이다.

인생의 승부수를 던질 분야나 의미를 부여할 수 있을 만큼 가치 있는 일을 찾았다면, 그 일을 얼마나 효과적·효율적으로 수행할 것인지도 고민해 봐야 한다. 효과는 목표를 달성하는 데 있어 성과를 극대화하는 것이며, 효율은 최소한의 자원으로 최대의 결과를 얻는 걸 의미한다. 가치 있는 일이라 하더라도 효과와 효율 가운데 뭔가 하나가 부족하면 지속 가능성이 떨어진다. 이에 효과적인 목표 설정이 중요한데, 목표가 명확하고 구체적이어야 동기부여가 지속된다. 또한 효율적인 자원 활용을 위해 시간과 에너지 낭비를 줄이고 핵심에 집중할 수 있는 전략적 대안을 모색해야 한다. 주기적으로 성과를 검토하며 방향과 속력을 수정하고 조정하자. 이 과정에서 적극적 개입과 통제 또한 필요하다. 모든 일이 기대한 대로 이루어지지 않을 수 있음을 인지하고, 리스크를 사전에 식별하고 관리하는 능력이 중요하다. 가치 있는 일이라도 리스크를 간과하면 오히려 부정적 결과를 초래할 수 있기 때문이다. 리스크에는 과도한 투자로 인한 손실 가능성을 고려한 '재무관리 리스크', 비효율적인 일자 운영과 시간 배분으로 성과에 문제가 되는 '시간 관리 리스크', 그리고 초반의 열정이 사라졌을 때, 스스로 관리하지 못함으로써 지속성이 약화 '동기부여 리스크'가 있다. 이러한 리스크관리는 개인은 물론 조직과 기업 모두에게 필요한 핵심 역량이다. 아울러 가치 있는 일을 찾고 성장하고자 한다면, 가치, 효과, 효율, 리스크 관리를 하나의 시스템으로 통합해 운영해야 한다.

**자기경영의 궁극적인 목적은 스스로 가치 있는 일을 찾아 성장과 발전을 거듭하는 것이다.** 이러한 과정을 통해 개인은 경제적 자유와 심리적 안정을 동시에 얻을 수 있으며, 주변 사람들과 사회 안에서도 긍정적 영향을 줄 수 있다. 성공자가 되기 위해서는 가치를 잇는 일인지 여부를 끊임없이 되묻고, 동기부여를 지속하며, 리스크 관리를 하는 데 집중해야 한다. 나에게 가치 있는 일을 찾아 그 일에 몰두할 때, 우리는 삶의 진정한 의미를 깨닫게 된다. 성공적 자기경영은 단순한 물질적 성취에 머무르지 않고, 가치와 의미를 중시하며 효과·효율을 극대화하는 연속된 과정이어야 한다. 지금 하는 일들에 의미가 새겨져 있다면 그 일들을 모아놓고 다시 물어봐야 한다. "나는 지금, 여기에서 진정 가치 있는 일을 하는 중인가?" 이 질문에 진정성 있게 답하려는 순간, 자기경영은 보다 진화한다.

---

**양손잡이 자기경영(지속 가능 자기경영 편) 체크포인트 3**

▶ 삶에서 가장 중요하게 여기는 가치는 무엇인가?

▶ 나의 가치를 실현하기 위해 하고 있는 것은 무엇인가?

▶ 내가 추구하는 가치는 나의 성장과 발전에 어떻게 연결되는가?

# 07

## 세상은 조율과
## 균형을 거쳐 지속된다

잠시 두 눈을 꼭 감아 보자. 움직임 없이 한 자리에 서서, 이제 한쪽 무릎을 들어 올리고 발이 바닥에 닿지 않도록 하여 한동안 있어 보자. 어떠한가? 어쩌면 지금의 이 어려움보다 당신의 내적 균형을 조율함이 더 어려울 수 있다. 여기에 더해, **우리가 두 발로 디딘 세상은 생각보다 빠르게 질주 중이다. 멈춰 있고자 하는 것은 우리뿐이고, 변하는 건 언제나 세상이다.**

자기경영을 통해 남다른 개인적 성장을 이루고, 사회적으로 유의미한 성과를 냈을 때, 그 양과 질의 차이를 떠나 누구나 성공자로 불릴 수는 있다. 하지만 진정한 성공자가 되기 위해서는 단순히 성과와 업적만으로 부족하다. 성공자에게 필요한 건 지식, 지혜, 혜안 그리고 균형 감각이다. 이러한 능력은 단지 개인적 성취를 넘어 사회와 타인에게 미쳐, 궁극적으로 자신과 주변 모두에게 가치와 혜택을 선사한다. **진정한 성공은 '나만 잘되는 것'이 아니라, 성장하면**

**서 더 나은 방향으로 삶과 세상을 이끄는 힘을 지니는 것이다.** 자기경영은 그 힘을 단단히 다져주는 토대이다.

자기경영을 위해 먼저 갖추어야 할 것은 탄탄한 지식이다. 정의와 이론을 바탕에 둔 지식은 문제를 해결하고 새로운 기회를 탐색하는 기반이 된다. 그러나 단순한 지식만으로는 한계가 있다. 그 지식을 활용할 수 있는 지혜가 필요하다. 경영은 행동과 적용을 바탕에 두기 때문에, 아는 것을 상황별 행동으로 옮기고 평가하며 활용하는 것이 힘이 되는 것이다. '아는 것' 자체가 우리의 성장을 보장해 주지는 않는다. 지식을 행동으로 전환할 때 비로소 자기경영의 힘은 현실이 될 수 있다.

지혜란 다양한 상황에서 이성적인 결정, 올바른 판단을 내릴 수 있는 능력으로 세상을 보는 넓은 시야와 깊은 성찰을 통해 길러진다. 지식을 얻기 위해서는 끊임없는 학습, 훈련, 탐구가 필요한데 최신 트렌드를 파악하고 변화하는 환경에 능동적으로 대응할 수 있는 역량을 키워야 한다. 한편, 지혜를 기르기 위해서는 다양한 경험을 통해 사람들과 소통하며 성공과 실패, 착각과 실수 등 모든 것을 흡수하며, 교훈 삼아야 한다. 이러한 과정은 성공자가 되기 위한 자기경영의 필수 요건이다.

혜안은 사물이나 상황의 본질을 꿰뚫어 보는 능력으로, 통찰력과 직관을 통해 복잡한 문제 속에서도 핵심을 파악하는 데 필요한 능력이다. 성공자는 문제의 표면이 아닌 근본 원인을 파악하여 장기적 관점에서 해결책을 모색하며 혜안을 기르기 위해 늘 다양한 관점을 수용하고 비판적으로 사고하는 습관을 갖는다. 이러한 사고와 태도가 깊이 있는 판단력을 만들고, 자기경영의 수준을 한 단계 끌어올리는 원동력이 된다.

균형 감각은 성공자가 가져야 할 또 하나의 중요한 덕목이다. 개인의 욕심과 사회적 책임 사이에서 조화를 유지하며, 정량적 성공과 정성적 성장 사이의 양립을 조율하는 것이 핵심이다. 균형 잡힌 사고는 사람들로 하여금 합리적인 모습과 안정감을 느끼게 하고 성공자가 사회적 신뢰와 존경을 받으며 지속 가능한 성장과 발전을 실현하도록 돕는다.

여러 번 강조하듯 진정한 성공은 단지 재정적 성취와 사회적 명예에 그치지 않는다. **성공자는 자신이 이루어낸 성과를 토대로 세상에 기여하고, 더 나아가 타인의 성장과 발전을 돕는 데 가치를 둔다.** 이를 위해 사람을 존중하고, 세상을 긍정적으로 바라보며, 물질적 성과를 유의미하게 활용한다. 무엇보다 인간관계를 중요하게 여기며 상대적 입장과 관점에서 생각을 다룬다. 또한 각종 현상과 형상 뒤에 숨은 진실과 배경, 변화의 흐름을 읽어 내는 통찰력을 갖는다. 이익이나 물질적 성취를 단순한 결과가 아니라 하나의 수단이라고 할 때, 그 가치를 이해관계자에게 효익과 혜택으로 전환하는 힘을 갖는다.

진정한 성공자는 끊임없이 자신을 돌아보고, 사회적 책임을 다하고자 노력한다. 유한한 시간을 나눌 수는 없더라도 물질적 여유와 지적·경험적 자산을 타인과 공유하려는 의식을 갖는다. 이러한 태도는 단지 개인의 성취로 끝나지 않고 주변에 선한 영향력을 미치며 변화를 불러일으킨다. 궁극적으로 성공자의 길은 단순히 높은 권력이나 많은 재산을 소유하는 데 있지 않고, 지식과 지혜를 바탕으로 혜안과 균형 감각을 갖추어 사람과 세상, 물질을 바로 보는 성숙한 태도를 갖춘다. 그리고 이 본질을 유지하기 위해 성공자는 끊임없이 성찰하고, 꾸준히 자기 계발을 실천하는 존재여야 한다. 진정한 성공은 멈춤이 아니라, 성찰, 성장, 공헌의 순환을 지속적으로 이어 가는 과정이다.

'양손잡이 자기경영'을 통해 먼저 당신이 진정한 양손잡이로 성장하길 바란다. 그리고 다시 수많은 양손잡이를 만나 그들과 손잡길 소망한다. 그렇게 맞잡은 손으로 공동의 문제와 문제점을 찾고 가치 있는 개선을 향해 꾸준히 노력하면 성장과 발전은 더욱 가까워지고 그 과정은 보다 수월해질 것이다.

## 양손잡이 자기경영(지속 가능 자기경영 편) 체크포인트 3

▶ 나는 세상을 마주하는 데 있어 균형 감각을 갖추고 있는가?

▶ 나는 현상 외에도 본질을 바라보는 관점을 지니고 있는가?

▶ 나는 세상을 살아가는 지혜와 혜안을 얻기 위해 무얼 하는가?

# 08

---

# 언제든 다시
# 시작할 수 있어야 한다

킥보드, 자전거, 오토바이, 자동차 운전을 배울 때를 생각해 보자. 무엇보다 안전하게 넘어지는 방법이나 브레이크 등의 안전장치를 조작하여 멈춰 서는 법을 먼저 익히게 된다. 그다음 속력을 올리거나 방향을 전환하며 가·감속을 활용할 것이다. 그러다 자기만의 레이스 또는 드라이빙을 즐길 것이다. 이는 비단 이동 수단에만 적용되는 건 아니다. 우리가 다루는 대부분의 기기, 장비, 도구 등이 이와 유사한 이치를 따른다.

인간의 성공을 향한 여정도 이와 다르지 않다. 누구에게나 중요한 것은 흐름을 읽는 감각과 각종 시그널을 이해하는 것이며, 다시 시작할 수 있는 용기와 도전 정신을 갖는 것이다. 누구나 인생의 각 지점에서 실패를 겪을 수 있다. 실패는 피할 수 없는 현실이지만, 그로 인해 꿈을 포기하고 좌절하는 것은 지양하자. 목표가 여전히 유효하고 나의 도전이 이어진다면 실패나 좌절 후에도 툭툭 털어내고 다시 시작할 수 있다. 물론 그에 앞서 철저한 반성과 개선 의지의 피력披瀝[68]은 필수다. 이러한 자기 성찰과 회복력은 실패를 단순한 종착점이 아닌, 다시 도약하기 위한 발판으로 바꾸는 핵심 동력이 된다.

사회 속 인간들의 실패는 개인의 평소 점수와 준비 정도, 마음가짐에 따라 상황을 만회하거나 재도약의 기회를 만들 수 있다. 그리고 **실수와 실패를 통해 얻는 교훈은 값진 자산이 된다.** 실수와 실패에서 자신의 문제를 더 깊이 이해하고, 이전보다 나은 선택을 할 수 있는 능력을 길러야 한다. 성공자들은 실패를 두려워하기보단 오히려 다시 도전하는 힘을 통해 더욱 단단해진다. 재도전은 단순한 반복이 아니라, 한 단계 더 성장한 자신으로 출발선에 서는 것이다. **재도전의 핵심은 상황에 굴하지 않고, 확실함보다 확신을 근거로 자신을 믿는 힘에 있다.** 실수와 실패를 경험했더라도 그것이 나의 전부가 아님을 인식하자. 도전의 기회는 열려 있으며, 그 문을 여는 열쇠는 결국 용기와 결단력이 될 것이다.

새출발은 단순히 처음부터 다시 시작하는 것이 아니다. 실패를 반면교사反面敎師[69] 삼고, 개선 지향적으로 도약하는 것이다. 새출발에는 새로운 희망이 깃들어 있다. 무언가를 잃었다고 해서 모든 것

---

**68** 평소 마음에 품은 생각이나 감정을 모조리 털어놓음.
**69** 사람이나 사물의 부정적인 면에서 얻는 깨달음이나 가르침.

을 잃은 건 아니다. 오히려 수업료로 시간과 비용을 치르며 무언가를 느끼고 배운 거다. 출발선에선 더 단단하게 성장한 모습으로 과거를 극복하고 미래를 조망하며 나서는 힘이 필요한 것이다. 경주에서 넘어졌거나 경로를 이탈했다면, 자신을 일깨우고 일으켜 다시 시작하자. 이때 고려해야 할 몇 가지가 있다. 첫째, 실패의 원인을 철저히 분석해야 한다. 감정에 휘둘리지 않고 원인을 정확히 파악해야 재발을 막을 수 있다. 둘째, 새로운 목표를 명확히 재설정해야 한다. 이때 목표는 과거보다 더 현실적이고, 타당하고 신뢰할 수 있는 근거를 가진 것이어야 한다. 셋째, 과거의 아픈 경험을 교훈으로 받아들이고 다시 자신을 믿는 힘을 회복해야 한다. 실패는 두려움이 아니라 배움의 기회이며, 다시 일어서는 동력이 되어야 한다. 마지막으로, 변화에 적응하며 꾸준히 성장하려는 자세를 유지해야 한다. 실패를 개선과 성장의 밑거름으로 활용할 수 있는 사람이 결국 성공의 길에 도달한다. 새출발은 주저앉지 않는 힘이고, 다시 나아가려는 의지이며, 스스로에게 부여하는 새로운 가능성이다.

롤러코스터 같은 인생의 어느 순간에, 어떤 상황을 맞닥뜨리더라도 필요하다면 다시 시작할 수 있다. 성공을 꿈꾸는 모든 사람에게 필요한 것은 끝없는 도전 정신, 그리고 변화를 기꺼이 받아들이는 열린 자세이다. 실패 앞에서 주저하는 것이 아니라, 새로운 시도를 통해 더 나은 미래를 스스로 만들어 가는 의지가 필요하다. 실패는 끝이 아니라 오히려 도전의 시작을 알리는 지점이다. 성공은 넘어지지 않음이 아니라, 목표를 향해 다시 일어서는 집념에 있다. 자기 자신에게 싸움을 걸듯 희망을 잃지 않고 새롭게 시작하려는 용기를 구하자. 성공은 남이 만들어 주는 것이 아니라, 다시 일어서는 당신의 선택과 결단에서 시작된다는 사실을 잊지 말자.

'지금 적극적으로 실행되는 괜찮은 계획이 다음 주의 완벽한 계획보다 낫다.'라고 했다. 길이 보이지 않으면 길을 찾고, 찾아도 보이지 않으면 묻고, 그래도 안 되면 직접 길을 만들자. 완벽한 때도 무결無缺한 사람도 없다. 때론 속력을 늦춰 천천히 나아가도 된다. 잠시 멈춰 주위를 둘러보아도 괜찮다. 비로소 보이고 느껴지는 것들이 있을 거다. 중요한 건 타이밍과 선택이다. 눈뜨면 없는 것들도 있다. 너무 많은 시간을 무의미한 곳에 허비하지 말자. 눈앞의 것들과 마음속의 그것들을 돌보면 되는 것이다. 이제 다시 시동을 걸고 목적지를 향해 나아가자. 우리가 새로운 도구의 활용을 배울 때 멈추거나 끄는 법, 비상시 조치를 숙지하듯 '양손잡이 자기경영'의 다양한 관리 역량이 필요하다. 움직이는 차 안에서 급발진보다 더 무섭고 위험한 것은 브레이크가 없거나, 제동이 말을 듣지 않는 것이다.

## 양손잡이 자기경영(지속 가능 자기경영 편) 체크포인트 3

▶ 나는 실패에 대한 두려움 때문에 망설인 적이 있는가?

▶ 나에게는 성공을 향한 용기와 열성과 신념이 있는가?

▶ 나는 언제 어디서든지 다시 시작할 수 있는 사람인가?

# 09

돈 많은 졸부보다
성공한 부자로 살자

자기경영을 통해 원하는 시기에 바라는 성과를 이루었을 때, 이를 흔히 '성공'이라 말하고 그 대상을 '성공자'라 한다. 그리고 경제적 부를 성취한 사람을 '부자'라 한다. 의미를 들여다보면, 단순히 많은 현금이나 부동산 등의 물질적 재산을 보유한 것만으로 부자라고 단정하기에는 다소 아쉬움이 남는다. 오늘날 시대와 사회가 요구하는 진정한 부자의 덕목은 개인이 가진 물질적 풍요를 넘어, 사회 구성원으로의 책임을 다함과 동시에 이해관계자에게 선한 영향력을 미침을 내포한다. 이러한 점에서 졸부와 부자는 사람들의 마음속에서 구별이 되어 왔다. 그들에 대한 평가는 서로 다른 이미지로 자리 잡고 있으며, 이는 단순한 재산 규모가 아니라 삶의 태도와 가치관의 차이에서 비롯된다. '양손잡이 자기경영'은 물질적 여유뿐만 아니라 마음 씀씀이까지 넉넉한 부자, 즉 가치와 영향력까지 갖춘 진정한 부자로 성장하는 걸 지원한다.

신도시 조성계획, 재개발 사업, 토지개발 등 기반 사업과 맞물린 부동산 가치 상승으로 하루아침에 벼락부자가 된 사람들도 있다. 카지노나 경마와 같은 사행성 레저, 복권 등으로 하루아침에 벼락부자가 된 사람도 있다. 또한 부모로부터 물려받은 유산으로 이전까지 없던 큰 경제적 여유를 갖게 되거나, 한순간 부자 반열에 오르는 이들도 있다. 하지만 주변 사람들은 그들의 재력을 부러워할 뿐 재산이 많다고 모두를 부자라고 말하지 않는다. 졸부는 갑작스럽게 큰돈을 얻게 되어 경제적 부를 누리지만, 사회적 책임감이나 인간적 성숙 등 부자에게 걸맞은 소양과 인품이 부족한 사람을 의미한다. 흔히 언중에 오르는 졸부는 작은 그릇을 갖고 대체로 자신의 이익만을 추구하며, 사회적 기여나 타인에 대한 배려를 간과한다. 반면, 진정한 부자는 경제적 자유를 얻은 이후에도 그 부의 가치를 사회로 환원하고 나눌 줄 아는 사람이다. 형편이 어려운 이들을 살피거나, 다양한 방법으로 지원한다. 사회의 지속 가능한 성장과 발전을 위해 후원도 마다하지 않는다. 이처럼 진정한 부자의 기준은 단순한 자산 규모가 아니라, 풍요를 다루는 태도, 사회와 더불어 성장하려는 마음, 타인에게 선한 영향력을 확장하는 실천에 있다.

**진정한 부자가 되기 위해서는 우선 상대적 빈곤의 문제를 이해하고, 이를 극복할 수 있는 경제적 자유를 추구해야 한다.** 상대적 빈곤은 주변과의 비교 속에서 느끼는 빈곤감, 박탈감으로 물질적 부족뿐 아니라 정신적 결핍으로까지 이어질 수 있어, 자기경영의 관점에서는 반드시 다루어야 할 중요한 과제다. 경제적 자유란 단순히 돈이 많은 상태를 넘어서 지급 능력을 갖추고 재정적 제약 없이 자신이 원하는 삶을 스스로 선택하고 자유롭게 살아가는 것을 의미한다. '양손잡이 자기경영'은 가치 있는 성공을 추구하도록 돕고, 그 결과 경제적 자유와 여유에 도달하게 만드는 데 목적을 둔다. 이를 위해 서는 다음과 같은 요소가 필수적이다. 첫째, 수입과 지출을 관리하고, 적정한 현금 흐름을 유지하는 능력인 '체계적인 재무관리'다. 둘째, 잠재적 위험을 사전에 식별하고 대비하는 능력인 '리스크관리'다. 셋째, 불확실성을 기회로 전환하고 장기적 가치 성장을 추구하는 능력인 '미래를 위한 투자 전략'이다. 이러한 기반을 마련하면 개인은 경제적 여유를 확보할 수 있을 뿐만 아니라, 나아가 타인을 돕고 사회에 기여할 수 있는 더 큰 영향력과 가치를 가진 사람으로 성장할 수 있다.

부자는 자산을 축적하는 것 이상으로 사회와 사람들에게 선한 영향력을 미치는 존재다. 자기경영을 통해 경제적 성취를 이루었다면, 이해관계자와 성과를 공유하고 사회적 책임을 이행하는 것이 중요하다. 도움이 필요한 사람들을 지원·후원하며, 그들의 삶의 질을 개선하기 위해 자신이 가진 자산과 지식, 스킬, 태도 등을 나누며, 성장을 돕는다. 실천은 개인의 성공을 사회적 가치로 확장되도록 하는 과정이며, 긍정적 변화를 지원하는 힘이 된다. 결국 부자와 성공자는 자신의 성취를 사회적 가치와 연결할 때 그 의미가 더욱 빛난다. 자기경영을 통해 얻은 부와 명예가 사회적 가치와 연결될 때, 그 의미가 더욱 빛나기 마련이다. 졸부로 계속 머무르지 않고 진정한 부자로 성장하기 위해서는 사회 전체의 성장과 발전에 유의미한 영향을 미치는 역할을 적극적으로 찾아야 한다. 인생에서 돈이란 다루는 방법에 따라 자신과 타인의 삶을 행복하게도, 때로는 불행하게도 만드는 힘을 지닌 만큼, 올바른 사용과 책임 있는 선택이 무엇보다 중요하다.

세상 사람들에게 빛, 소금, 물, 공기처럼 작은 도움이라도 주고 싶다고 말하는 이들이 많다. 그러나 현실에서는 정작 자신이나 자기 사람들에게만 돈을 쓰며 돈의 흐름과 가치를 자신 안에 가두고 마는 경우가 적지 않다. 부유함은 경제적 자유를 통해 원하는 삶을 선택하고 살아갈 수 있는 능력에서 출발한다. 그러나 진정한 부자는 그 자유를 바탕으로 타인과 혜택을 나누고 사회적 변화를 만들어 내는 사람이다. 유한한 시간과 비용, 한정된 기회 속에서 남다른 노력으로 물질적 부를 이루었다면, 그 부는 마땅히 가치 있게 사용되고 또 다른 가치와 교환되어야 한다. 우리가 얻은 부는 결코 혼자만의 힘으로 만들어진 것이 아니라, 수많은 관계, 사회환경, 이해관계자의 영향 속에서 비로소 형성된 결과물이기 때문이다. 따라서 부는 자기 안에 가둘 대상이 아니라, 세상을 타고 순환하며 더 큰 가치를 창출創出하는 자원이다. 이러한 관점에서 우리는 빈자가 아닌 부자로, 졸부가 아닌 진정한 부자로 성장할 수 있다. 결국 질문은 하나

다. '당신은 돈 많은 졸부가 될 것인가, 아니면 진정으로 성공한 부자가 될 것인가?'

### 양손잡이 자기경영(지속 가능 자기경영 편) 체크포인트 3

▶ 내가 생각하는 성공과 부자의 정의는 각각 어떠한 것인가?

▶ 나는 돈만 많은 졸부가 될 것인가 성공한 부자가 될 것인가?

▶ 진정한 부자와 성공자는 과연 어떠한 소양을 갖춰야 하는가?

# 맨손으로도
# 시작할 수 있어야 한다

나에게 성공이란 무엇이고, 내가 찾고 있는 행복이란 무엇인가? 내 '꿈의 형태'는 어떤 것인가? 부족한 것들이 채워지고 나면 나는 그것을 '성공' 혹은 '행복'이라고 말할 수 있을까?

누구나 책 한 권의 인생을 살았다고 한다. 하지만 돌이켜보면 가진 이것저것을 여기저기 흘리며 마구잡이로 살아온 시간도 수두룩하다. 여전히 성공과 행복을 찾고 있는 나는 어쩌다 이 글을 쓰게 되었을까?

어린 시절, 나의 꿈은 교사가 되는 것이었다. 그러나 살아온 환경과 뻔한 궤적은 그 꿈에 닿기엔 너무 멀고도 험했다. 그 현실을 철없이도 늦게 깨달은 나는 활용과 탐색의 여유조차 없이, 그저 생계를 위해 '돈'을 좇아야 했다. 손에 쥐어지는 건 언제나 부족했다. 그리고 그토록 아름다운 세상은 어떤 것도 거저 내주지 않았다.

고등학교 3학년 여름방학이 시작되던 시점부터 나는 현장실습을 통해 일터로 뛰어들었다. 그렇게 사회에 첫발을 딛으며 산업 자동화 분야의 슈퍼바이저를 새로운 목표로 삼기도 했다. 방방곡곡 돌며 쉼 없이 일하던 시절, 숙박업소 영수증이 한 뼘씩 쌓여갈수록 '배우며 성장하는 나'에게 스스로 위로를 건넸다. 하지만 현실은 매번 냉정했다. 고작 '고졸 이력 한 줄'이 전부였던 내게 세상은 기회보다는 한계를 먼저 내밀었다. 하고 싶은 일, 할 수 있을 것 같던 일들이 눈앞에 아른거리다가 이내 사라지는 경험을 수없이 반복했다. 그럼에도 나는 멈추지 않았고 좌절하지 않았다. 핑크빛 초대장은 기대에도 없었다. 그저 맨손으로 입장권 한 장을 쥐고 싶었다. 하고 싶은 일에 한 걸음 다가갈 수만 있다면 몇 장이 남아 있든, 긴 줄을 서는 한이 있더라도 그것을 꼭 구하고 싶었다. 나는 그렇게 언젠가 내가 원하는 길에 설 수 있으리라는 기대를 만지고 새기며, 하루하루 그리고 매일의 현장을 나의 연습장으로 삼아 왔다.

직장생활을 하던 시절, 나는 대학에 진학하기 위해 남들이 쉬는 날에도 특근을 자청했고, 위험한 현장도 마다하지 않았다. 그렇게 모은 돈은 '배움'이라는 갈증을 넘어 나의 꿈에 한 걸음 더 다가서기 위한 밑거름이 되었다. 대학생이 된 후에도 내 삶은 여전히 치열했다. 매달 두세 개의 아르바이트를 병행하며 하루하루를 버텼다. 서울의 한 주유소에서 일하던 시절에는 중·고등학생 또래들이 검정고시를 준비하도록 격려하고, 그들의 공부를 돕기도 했다. 아이들이 하나둘 꿈을 향해 나아가는 모습을 지켜보며 나는 '배움이 사람을 바꾼다.'라는 사실을 다시 한번 실감했다. 대학을 마친 뒤 사회로 돌아왔을 때, 나는 야학의 비상근 외부 교사로도 활동했다. 학생들이 서툴게 자신을 발견해 가는 모습 속에서, 그리고 각자의 꿈을 찾아 나서는 모습에서 나는 감동했고 깊은 행복을 느꼈다. 그때 그 시절은 내 인생에서 낭만적이고 순수했던 순간이다. 멈춰 세울 수 없던 용기와 열성과 신념이 공존하던 시간, 그때로 기억된다.

돌이켜보면, 한때 금이 가고 깨져 버린 듯 보였던 '선생님'이라는 꿈의 형태는 완전히 사라지지 않았다. 긴 세월 동안 먼지가 쌓였을 뿐, 그 꿈은 닳지도 않았고 빛에 바래지도 않았다. 그리고 한참이 지난 어느 날, 생각지도 못한 순간에 나는 다시 그 꿈과 마주했다. 쑥스러움과 반가움이 뒤섞인 채, 나는 그 오래된 꿈을 두 손으로 조심스레 감싸안았다. 그 순간, 깊은 곳에 묻어 두었던 마음속에서 작은 불씨가 튀었다. 언젠가 잃었다고 생각했던 꿈이 사실은 잠시 잠을 자듯 쉬고 있었을 뿐이며, 내가 다시 꺼내 들기만을 기다리고 있었다는 사실을 그때 깨달았다.

'선생님'이라는 어린 시절의 꿈에 한 걸음 더 다가가기 위해, 나는 '교사', '선생'의 의미를 새롭게 정의했다. 가르침이 반드시 학교 교단 위에서만 이루어지는 건 아니라는 깨달음에 이르렀기 때문이다. 그렇게 나름의 조작적 정의를 거쳐 나는 컨설턴트, 멘토, 코치, 심사원, 평가위원, 작가, 강사라는 여러 역할을 갖게 되었다. 지금 내가 하는 일이든, 앞으로 하게 될 일이든, 나의 본질은 변하지 않는다. 올바른 방향을 향해 서려는 사람들을 돕는 일, 뜻을 품고 도전하려는 사람들을 지원하는 일, 그것이 내가 존재하는 이유이자 내가 하는 일의 본질이다. 세상에는 여전히 지원과 배려, 그리고 협업이 필요한 사람들이 많다. 나는 그들에게 알맞은 지식서비스를 제공함으로써, 그들이 개선과 성장, 발전의 길로 나아가도록 돕고자 한다. 이것이야말로 이 사회 속에서 '선배이자 선생'으로서 내가 수행해야 할 소명이라 믿는다. 그리고 이제 나는 한 걸음 더 나아가, 여러 관계 속에 감동을 더하는 삶을 꿈꾸고 있다. 사람의 마음을 움직이는 지식과 경험, 삶을 변화시키는 가치와 태도, 그것을 전하기 위해 나는 오늘도 배우고, 익히며, 성장한다.

나는 느리고 더디더라도, 힘을 헛되이 쓰지 않기 위해 꾸준히 학습한다. 그 과정에서 스스로 목표를 세우고 과제를 찾아내며, 수없이 반복하고 깨닫고, 다양한 방해 요소를 통제하기 위해 애쓴다. 유혹과 흔들림이 닥쳐올 때, 오히려 한 걸음 물러설 여유를 갖기 위해, 나만의 유연하면서도 단단한 시스템을 구축하고 있는 셈이다. 이러한 고집과 훈련이 지금의 나, 지금의 일과 생활을 만든 힘이라고 믿는다. 현장에서 실무경험을 쌓던 시절에도 '무식하거나 게을러서는 안 된다.'라는 마음이 늘 나를 움직였다. 스물일곱 살 무렵부터는 형편이 어려워도 월급을 받을 때마다 책을 샀고, 여건이 될 때마다 국가전문자격이나 국가기술자격을 취득했으며, 각종 교육 훈련과 양성 과정을 통해 스스로 단련했다. 나는 무엇이든 "제대로 이해하고 알아야 한다."라는 신념으로 살아왔다.

일상에서도 나는 여전히 '꿈의 형태'를 탐색한다. 매년 다이어리에 도형을 그리고 키워드를 적거나, 아이디어가 되는 글, 이미지를 붙였다가, 다시 떼어내며 내면의 꿈을 구체화하고 내재화한다. 누군가를 제대로 돕기 위해서는 다양한 사례와 현실적 경험이 필요하다고 믿었기에, 갑자기 이루어지지 않는 일이라면 '먼저 해 보자.'라는 자세로 움직였다. 그렇게 직장생활 10년, 사업 운영 10년, 최소 20년 이상의 시간을 통해 배움을 쌓아왔다. 그리고 당시에 다시 한 번 나를 다지기 위해 대학원으로 향했다. 부족했던 이론과 배경지식을 보완하며 실무와 학문을 잇는 기회가 되었고, 지금도 균형 있게 관리하며 성장하고 있다. 그 결과, 지금은 정부·기관·기업·단체 등 다양한 조직의 전문가 풀에서 활동하며, 현장의 실무경험과 이론적 기반을 함께 전하는 일에서 큰 보람을 느낀다.

우리가 살아가는 인생의 여정에는 여전히 가야 할 길이 많이 남아 있다. 시간은 멈추지 않고 흘러가며, 우리는 의식하지 않더라도 저절로 나이를 먹는다. 경제적 기반과 시간적 여유를 갖추어 오래 살아야 하는 시대지만, 이제 세상 어디에도 '평생직장'은 존재하지 않는다. 그 사이, 우리는 남과 자신을 비교하며 불필요한 경쟁의 소용돌이에 빠져들곤 한다. 그러는 동안 상대적 빈곤감과 질투, 열등감이 마음 한편에 서식하며 덩치를 키운다. 그러나 인생의 방향은 비교에서 비롯되는 것이 아니다. 자신이 정의한 성공과 행복의 의미를 찾음에 있다. 따라서 우리는 각자 자신만의 '성공'과 '행복'을 다시 정의해야 한다. 희망을 품고, 꿈의 형태를 스스로 만들어 가는 과정을 이어 가야 한다. 이 과정에서 우리는 양손을 모두 써야 한다. 한 손에는 활용·소양·성실·태도·인성·운영을 챙기고 다른 한 손에는 탐색·역량·유능·실력·인재·응용을 갖춰야 한다. 강건한 삶을 이끌기 위해서는 이 모든 자원을 균형 있게 다루며, 배우고, 즐길 줄 아는 '양손잡이'가 되어야 한다. 그것이야말로 불확실성이 일상인 시대를 살아가는 우리가 선택할 수 있는 가장 현명한 생존 방식이며, 두 가지 힘을 균형 있게 다루는 확실한 성장 공식이다.

의미 있고 충만한 삶을 살아가기 위해서는 관리·변화·전환·안정·양립을 통해 끊임없이 통제와 개선을 이루어가야 한다. 그 과정에서 우리는 자신만을 위한 게 아니라, 사회와 이해관계자에게 제시할 수 있는 이익·기대효과·만족·조화·효익 등 가치와 혜택을 추구해야 한다. 그 길을 반드시 혼자 걸을 필요는 없다. 세상을 밝히는 주변의 수많은 선생님, 컨설턴트, 멘토, 코치, 작가, 강사와 같은 존재와의 만남은 우리에게 지혜와 통찰을 제공하며, 삶의 방향을 더욱 선명하게 해준다. 다양한 아이디어와 자원을 융합하고 조화시키는 과정에서는 필요한 요소들이 서로 공존하며 균형을 이루는 풍요로운 삶을 만들어 갈 수 있다. 때로는 디커플링decoupling 즉, 서로 연관되어 있던 요소들이 분리되어 각기 다른 흐름을 보이는 현상이 일어나기도 한다. 이러한 분리를 인식하는 것은 매우 중요하다. 이는 우리가 추구하는 가치와 실제 행동 사이의 일관성을 유지하려는 자각을 일깨우기 때문이다. 그리고 마침내 당신이 진정한 양손잡이가 된다면, 두 손으로 다가오는 소중한 기회를 놓치지 않고 붙잡을 수 있을 것이다. 그렇게 당신은 새로운 문을 열고, 귀한 인연을 만나며, 꿈과 행복을 찾아가는 길 위에서 흔들림 없는 자신감과 확신을 얻게 될 것이다.

첫차를 기다리는 마음처럼, 출발선에 서 있는 당신에게 가장 필요한 건 인생 여정 속에서 언젠가 맞이하게 될 기대의 순간들을 생생히 그리며 마음에 다짐을 새기는 거다. 점수나 순위보다 더 중요한 건 스스로 세운 목표를 향해 가슴을 밀어붙이는 용기이며, 그 실천을 통해 자신의 길을 하나씩 개척해 나가는 소중한 경험이다. 누구에게나 더디고 힘든 시기가 찾아오고, 때로는 우울하고 고단한 시간이 길게 이어지기도 한다. 그럴 때일수록 '조금 더 힘을 내자.'는 말과 함께 진심 어린 응원의 마음을 전하고 싶다. 비록 이 책의 전부가 아니어도 좋다. 책의 한 문장, 한 단어에라도 당신의 마음이 머물다, 차돌멩이 같은 도전의 씨앗을 품게 된다면, 저자로서 더할 나위 없는 기쁨이자 큰 감사가 될 것이다.

사람이 자신의 삶을 완벽히 이해하고 기획하고 계획한 대로 살아간다는 건 결코 쉬운 일이 아니다. 그러나 지금 이 장을 끝으로 책을 덮는 이 순간, 당신의 마음과 손끝에 은은한 진동과 새로운 자극이 배어들기를 바란다. 고심하기보다는 한결 가벼운 마음으로 다시 출발선에 설 수 있기를 진심으로 응원한다. 그리고 훗날 성공자의 모습으로 만나 반갑게 서로의 손을 잡고 웃을 수 있기를 기대한다. 언제나 당신을 기다리는 첫눈, 그리고 환한 새봄처럼 나 역시 그때 그곳에 서 있겠다는 약속을 남기며 글을 마친다.

나의 어머니를 그리며,

이천이십육년 벽두에
작가 임대길